Friedrich Weinreb
Buchstaben des Lebens

FRIEDRICH WEINREB

Buchstaben des Lebens

Das hebräische Alphabet

Erzählt nach jüdischer Überlieferung

Verlag der Friedrich Weinreb Stiftung

Neuausgabe des erstmals 1979 als Herder-Taschenbuch
sowie 1990 und 1995 beim Thauros Verlag veröffentlichten Werkes
»Buchstaben des Lebens. Nach jüdischer Überlieferung.
Erzählt von Friedrich Weinreb«. Herausgegebren von Gertrude
und Thomas Sartory in der Reihe Texte zum Nachdenken«.
Die Abbildung auf S. 7 zeichnete Dan Rubinstein,
die 22 hebräischen Zeichen Bernd Baader nach einer alten Druckvorlage.
Graphik im Text: Margit Tellenbach.

Der Abdruck »Das Hebräische Alphabet und seine Bilder«
erfolgt mit freundlicher Genehmigung von Dan Rubinstein.

Textidentische Neuedition

Zollikerstr. 193, 8008 Zürich
Herstellung Gorbach GmbH Utting am Ammersee
Satz Reinhard Amann, Aichstetten
Druck Memminger MedienCentrum
ISBN 978-3-905783-09-4
Printed in Germany

INHALT

III.
ANZEICHEN EINER NEUEN GEBURT

IV.
WELT UNSERES TUNS
– Die Zeichen: Reihe der Zehner –

V.
DAS JENSEITS DER ZUKUNFT
– Die Zeichen: Reihe der Hunderter –

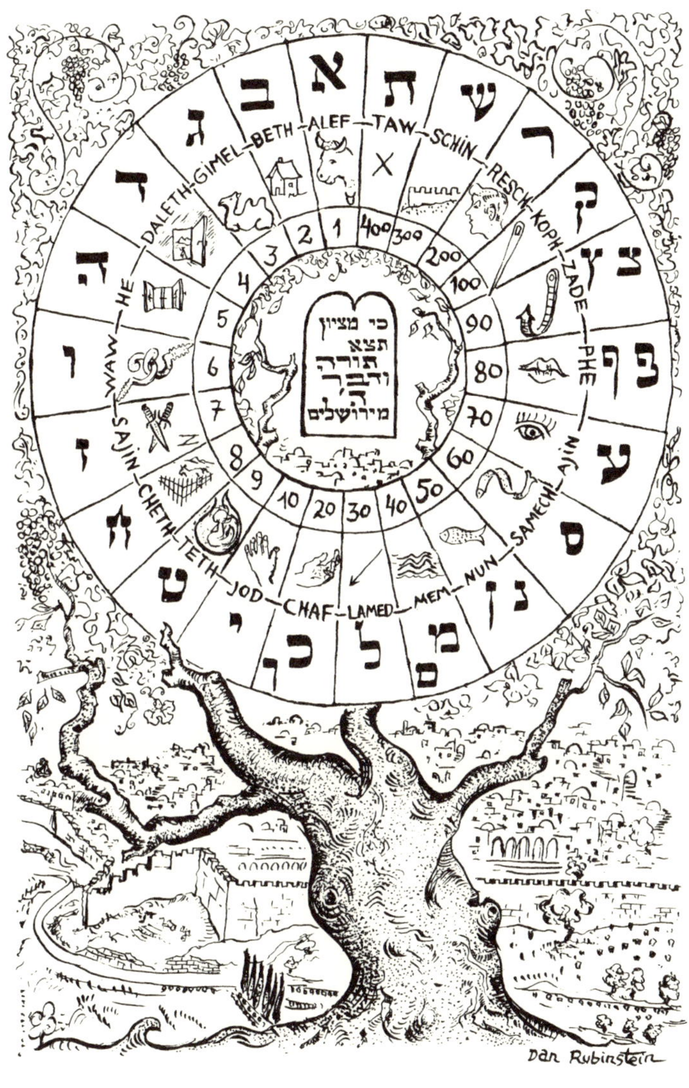

Das Hebräische Alphabet und seine Bilder

VORWORT

Wenn man schreibt, benutzt man Buchstaben. Wer denkt heute noch darüber nach? Und wenn schon, dann aus praktischen Erwägungen. Das gleiche ist beim Sprechen der Fall. Dennoch haben die Elemente unseres Schreibens und Sprechens ein eigenes Leben, und dieses Leben bestimmt unser Empfinden, unser Denken und Handeln mit. Denn: auch wenn wir uns die Geheimnisse der Kernphysik nicht vergegenwärtigen – sie *sind* Fundamente unseres Alltagslebens.

Buchstaben sind Zeichen aus dem Bereich des Wortes und der Sprache. Im Hebräischen hat jeder von ihnen einen charakteristischen Namen. Namen stammen aus den Wurzeln der Sprache. Wie alle Worte drücken sie Empfindungen in Lauten und Zeichen aus. Welche Empfindungen bestimmen in den verborgenen Tiefen des Lebens diese Namen? Handelt es sich hier um Grund-Elemente unseres Lebens?

Man sagt, die Zeichen der Konsonanten seien Entsprechungen des in unserer Welt von Zeit und Raum Erscheinenden. So auch unseres Körpers. Lippen, Zunge, Zähne, Gaumen braucht man, um die Mitlaute zu bilden. Deshalb erscheinen nur die Konsonanten in den Schrift-Zeichen. Im Hebräischen der Heiligen Schriftrollen (der Bibel) erscheinen keine Zeichen für Vokale und auch keine Lese-Zeichen (im Sinn von Ton- und Satzzeichen). »*Heilige* Schriftrollen« – das bedeutet dieses Ganze von verborgener Quelle und ihrem (in der raumzeitlichen Welt) erscheinenden Diesseitigen. So sind auch die Worte und das Sprechen erst *ganz*, wenn die Vokale und die Melodie der Betonung die erscheinenden Buchstaben zum Leben bringen. Man sieht darum in den Vokalen und der Betonung den Geist und die

Seele der Sprache. Denn »Geist« und »Seele«, obwohl selber nicht erscheinend, geben dem Körper Leben und sind lebensbestimmend für alles Erscheinende.

So ist es gut und unausweichlich, die Namen der Konsonanten mit Geist und Seele zu erfahren. Der Körper ist das Fahrzeug des Lebens. Ohne Körper kann nichts in dieser (materiellen) Welt zu Leben kommen. Das Wort und das Sprechen sind auf die Konsonanten angewiesen. Aber erst Vokale und Lese-Zeichen geben ihnen Laut und Sinn.

Mit den Namen der Buchstaben ist – wie bei allem, was in unserer zeiträumlichen Welt erscheint – eine bestimmte Reihenfolge gegeben. Das Erscheinende zeigt sich nach Art einer Entwicklung, eines Wachstums – es hat also Weg-Charakter. Dieser Weg wird von seinem verborgenen Ursprung her bestimmt. Vokale und Melodie, Geist und Seele bestimmen den Sinn des Erscheinenden, des Körperlichen. Vielleicht könnte man also das Schicksal des Lebens, seine Herkunft und seine Zukunft aus dieser Reihenfolge der Zeichen herauslesen, so, wie sie eben aus der verborgenen Quelle hervorkommen. Damit würde das Leben geheiligt werden können, das heißt, diesseitiges und jenseitiges Leben kämen zu einer Einheit. Dann könnte der Frieden in das Leben eintreten, das Vollkommene. Die Frage nach dem Warum und Wozu jeder Reihenfolge, die Frage also nach der Kausalität (nach dem Verhältnis von Ursache und Folge) erhält vielleicht in den Namen der Buchstaben eine Antwort. Es ist die Frage nach dem Sinn des Erscheinenden, nach dem Sinn des Körpers – Träger des Lebens jetzt und in der Auferstehung – mit seinem Weg über den Tod hinaus. Die Zahlenwelt, alle Bewegung im Weltall, alles, was uns als logisch – folgerichtig – erscheint, hat eine ihm entsprechende Geschichte im Verborgenen. Nur Geist und Seele können Geschichten erzählen, sie erfreuen sich aber an dem Wunder, daß der Körper diese Geschichten sich anhört und sich ihnen gemäß verhält. Sagen wir nicht auch, daß wir Geschichten er-zählen? Denn die Zahlen haben, wie die Buchstaben, ihr Leben aus dem Verborgenen, das den *Weg*, die *Reihenfolge* des Geschehens bestimmt.

Kann man die Geschichte dieser »Zeichen des Lebens aus dem Verborgenen« auf wissenschaftliche Art kausal darstellen? Wenngleich die Buchstaben in ihrer Reihenfolge eine logische Entwicklung, eine verständliche Entfaltung, ausdrücken – ihre Geschichten stammen aus dem Bereich von Geist und Seele und sind somit frei von jeglichem kausalen Zwang. Das *Gesetz* bietet Gewähr, daß das Leben in Zeit und Raum erhalten bleiben kann: es gibt uns Vertrauen – und damit eine Sicherheit für dieses Leben. Man nennt das Gesetz die *eine Seite* von Gottes Walten. Die *andere Seite*, die der *Gnade*, der Barmherzigkeit und der Liebe, schenkt dem Menschen die Freiheit, welche zum »Bild und Gleichnis Gottes« gehört. Zwang des Gesetzes verunmöglicht menschliches Dasein, entstellt im Menschen »Gottes Bild und Gleichnis«. Die Welt könnte, wie man sagt, nicht bestehen, wenn nur das Gesetz herrschen würde. Und doch ist Gott als Garant des Gesetzes zugleich der, welcher das Vertrauen auf die Bewältigung dieses Lebens schenkt. So sind Gesetz und Liebe bei Ihm vereint, so ist Er Gott der Herr.

Die Zeichen der Konsonanten – es gibt im Hebräischen Zweiundzwanzig – bilden die Seite des Gesetzes. Damit ist die Ewigkeit des Wortes gewahrt. Durch die Freiheit, die Variierbarkeit der Vokale und Lese-Zeichen (Ton- und Satzzeichen), fließt die Liebe in das Wort hinein. So nur kann die Geschichte der Buchstaben des Lebens in ihrer freien Vielschichtigkeit erzählt werden. Nur auf diese Art und Weise werden sie zu Buchstaben des Lebens. »Leben« und »Sein« sind im Hebräischen sprachlich nahe verwandte Worte. Wissenschaftliche Eindeutigkeit könnte nur *eine* Seite des Lebens erfassen. Das Leben heiligen bedeutet, auf dem Grund der Gesetze – ausgehend von Namen und Form der Buchstaben – Geschichten von Einsicht, von Freundschaft und Liebe zu erzählen. Das hat der Mensch schon von jeher verstanden. Mythen, Sagen, Legenden, Märchen bilden den unübersehbaren, unerschöpflichen Strom, der dem Menschen aus verborgenen Urzeiten zufließt. Im Judentum hat der Chassidismus es nicht lassen können, weil das nun einmal die einzige wahrhaftige Lebensäußerung ist, weitere und weitere Geschichten zu erzählen. Die Buchstaben wurden vergeistigt und beseelt – und so leben sie ewig. Wenn des Menschen Körper wie der Mond in seinen wechselnden Phasen kommt und geht und wiederkommt, so bleiben Geist und Seele ewig und beleben den toten Körper immer wieder. Hier und dort und dort und dort. Das sind diese Geschichten. Liebevoll lächelnd schauen sie auf die wissenschaftliche Wahrheit hinab und bringen schließlich auch diese zu einem resignierenden Lächeln.

Als ich anfangen wollte, von den Buchstaben des Lebens zu schreiben – – – nun, da erlebte ich eine alte Chassidische Tafelrunde, in der man sich gerade über diese Zeichen – und was sie aus-sagen! – unterhielt. Es war ein Erleben in der Welt der Laute und der Lieder. Weise und Schüler gingen ein und aus, und das Ganze war von einer Freude beseelt, die einem das Herz leichtmacht. Einige von diesen Weisen erkannte ich, und ich wunderte mich gar nicht, daß sie sich um die Gesetze von Zeit und Raum nicht kümmerten. Sind nicht sie es (wie schon der Name »Zadik« sagt, in dem das Wort »Angel« steckt), die den Menschen herausfischen aus der *Zeit*, die den Gesetzen des Kausal-Linearen unterworfen ist? Ich fühlte mich wohl in dieser Runde der Rechten, der Ge-rechten.

Ich hörte zu und schrieb auf, was ich hörte. Wo ich glaubte, ihre Anspielungen für heutige Leser verdeutlichen oder erklären zu müssen, habe ich sie erläutert. So entstanden die eingerückten Kurzkommentare – eingerückt, damit der Leser das eigentliche Gespräch der Weisen in seinem Gang leichter verfolgen kann. Für ausführlichere Erläuterungen verweise ich auf meine Bücher, in denen ich diese alte Welt ewiger Weisheiten – eine Welt voller Liebe und Wunder – dem Menschen unserer Zeit nahezubringen suche.

Die Tischrunde war überaus lebhaft. Wurden die Weisen gewahr, daß sie jeweils von ihrem eigenen Leben sprachen? Denn jeder erzählte gerade von dem Zeichen, mit dem sein eigener Name anfängt, und der Anfangsbuchstabe ist ja der Erstgeborene des Wortes, der wie ein Erstgeborener den Durchbruch wagt. Aber erst durch das Leben des Menschen kommen die Zeichen ganz zum Leben. Erst unser Leben bringt die

Buchstaben völlig zum Erscheinen, so daß sie uns wirklich zu Buchstaben des Lebens werden. Wie viele Geschichten könnte man, in allen Sprachen, mit diesen Buchstaben erzählen? Erzählen hat aber etwas mit Zahlen zu tun; wir wissen es nur nicht mehr, weil unser Wissen sich auf den Bereich der kausalen Zusammenhänge beschränkt – als gäbe es Gottes Wort nicht und nicht den Geist, durch dessen göttlichen Odem wir inspiriert werden.

Von der kausalen Wirklichkeit her betrachtet, ist jene ganze Tischrunde bloß ein Traum – wie ihn eben das Kind im Menschen träumt. Nun, dann habe ich eben jene Geschichten von den Buchstaben des Lebens geträumt. Niemand kann einem anderen die Wahrheit seines Traumes *beweisen.* Und nur Beweise zählen ja in der Welt der Gesetze. In der Welt des Geistes und der Seele braucht man Glauben. Nur dann versteht man die Sprache der Träume, von denen die Mythen der Völker voll sind – vor allem aber auch der ganze Komplex des Midrasch im Judentum und diese Fülle von Chassidischen Geschichten.

Was jeder einzelne dieser hebräischen Buchstaben mitzuteilen hat – schon durch seinen Namen, schon durch seinen Zahlenwert, schon durch seine kalligraphische Form –, das ist uraltes Wissen, und doch zugleich das in jedem Menschenleben individuell und aktuell neu Erlebte. So bilden die Buchstaben das Fundament der Welt. »Gott spricht, und die Welt ist!« sagt man darum. Ich erzähle dieses Wissen weiter – gleichsam als Gast einer Chassidischen Tafelrunde. Ich glaube, auf diese Weise am ehesten dem Geheimnis von Form und Bedeutung dieser heiligen Zeichen gerecht zu werden. Und wird es nicht Zeit, daß wir wieder anfangen, uns Geschichten von der anderen Seite – der jenseitigen – zu erzählen und uns an ihnen zu erfreuen? Die Welt droht, an der Langeweile totaler Verwissenschaftlichung zugrunde zu gehen. Erzählen wir uns doch wieder frohe Botschaften. Die Buchstaben dafür sind da. Sie warten darauf, zu Leben – zu freudigem Leben – erweckt zu werden.

Zürich, im Januar 1979 *Friedrich Weinreb*

I.
WELT DER STILLE

– Das ungeborene Wort und die Geburt des Wortes –

»Im Schweigen wohnt das Geheimnis. Es ist die Stille des Heimes, wo es heimisch ist. Es ist aber damit auch das Fundament des Vollkommenen, des ewigen, ungebrochenen Friedens.« So sprach der Weise Elimelech in der Tischrunde seiner Genossen. Und sie schwiegen, denn aus der Stille sprach es in ihnen. Sie erfuhren, wie das Gespräch sich baute, wie ein herrlicher Palast entstand.

Die Stimme des Abi-Eser meldete sich.

»Ist nicht das Wort für Schweigen, für Stille, so wie es dem Menschen aus seiner Wurzel in seinem Jenseitigen zukommt, das Wort *duma*, in seinen Buchstaben identisch mit dem Wort *dome*, welches ›gleichen‹ bedeutet?

> Die hebräische Sprache kennt nur Zeichen für die Konsonanten. Das Wort *duma* und das nachfolgende *dome* schreiben sich d-m-h, also gleich. Das Wort *Adam* schreibt sich a-d-m (»a« ist hier der – stumme – Konsonant Aleph, nicht der Vokal a, der hier zwar zu sprechen ist, aber nicht geschrieben wird. d. Hrsg.), wobei das a auch benutzt wird für die erste Person in einem Zeitwort.

Und benennt Gott nicht den Menschen *Adam*, und das heißt doch ›ich gleiche‹. Das enthält aber auch den Begriff ›ich schweige, ich bin still‹. In der Stille ist der Mensch im Gleichnis Gottes. Und das wäre dann das Geheimnis des Menschen. Dort ist er bei Gott zu Hause.«

Draußen geht der Wind durch die Blätter des Gartens. Am Tisch vertieft sich das Schweigen der Weisen. Sie bauen nicht ihre Worte; sie erfahren mit Erstaunen, wie sich die Worte von selber bauen. Und ihre Freude breitet sich aus.

»Ihr sprachet vom Schweigen als vom Fundament des Vollkommenen« meinte Eli-Eser, und man bemerkte, wie er auf das Säuseln des Windes draußen achtete.

»Das Wort Fundament, *jesod*, enthält doch als Stamm das Wort für Geheimnis, *sod*. Das würde bedeuten, ›*er* ist Geheimnis‹, und das sagt uns, daß das Fundament jeder Sache nichts anderes ist, als dieses ›er ist Geheimnis‹.

> Der Buchstabe j vor einem Zeitwort deutet die dritte Person an. Somit könnte man das Wort *jesod* auch lesen als »er geheimt«, er lebt im Geheimnis. Und da Gott auch als »er« auftritt – man denke an die Übersetzung des Tetragrammes, das doch auch mit »j« anfängt, die »er ist«, oder »er wird sein« lautet –, so kann man im Falle dieses Wortes für Fundament also richtig sagen, »*er* ist geheim«.

Und ist nicht das Haus Gottes das Fundament der Welt und des Lebens? Also ist das Fundament seine Wohnung, dort, wo das Geheimnis heimisch ist.«

»Du sprichst vom Haus Gottes«, erwiderte Elimelech. »Wie aber wird, woher kommt dieses Haus? Wir wissen doch, daß es nicht gebaut wird in der Weise, wie Häuser und Paläste sonst gebaut werden. Das Material zum Bau wird aus dem Norden, vom Libanon, herbeigebracht und der wichtigste Baumeister, Chiram, stammt ebenfalls aus dem Norden, aus *Zur*.

> *Zur* ist der hebräische Name der Bibel für die Stadt Thyrus.
> *Zur* bedeutet im Hebräischen aber auch »Felsen« sowie »Form« und steht außerdem zum Begriff »Schmerz« und »Leid« in Beziehung.

Aber das Merkwürdige bei der Entstehung dieses Hauses ist doch, daß es sich irgendwie selber baut. Kein Laut von Hammer oder Axt, von dem, was sich sonst bei jedem Bau manifestiert, wird vernommen. So heißt es doch in der Geschichte vom Tempelbau (1. Könige 6,7). Das will aber auch sagen, daß das Haus Gottes nicht wie sonst ein Haus errichtet wird, daß keine Leistung oder Übung das Geheimnis herbeibringen kann. So wie nur in der Stille der Mensch im Gleichnis Gottes ist.«

Jetzt wurde die Stimme Elchanans vernommen. Seine schönen, langen Finger ruhten auf dem Tisch. Doch war es, als ob die

Finger sich mit der Stimme bewegten. So wie sich draußen im Garten die Blätter im Wind hin und her neigen.

»Wissen wir nicht, daß das Wort für Blut, *dam*, im Grunde auch die Wurzel ist für die Worte ›gleichen‹ – *dome* – und für ›Stille‹ – *duma?*

> *Dam* schreibt man mit den Zeichen d-m. Die Worte *duma* und *dome*, also »Stille« und »gleichen«, sind Ableitungen vom Stamm d-m.

Das Blut, das doch der Seele, der *nephesch*, entspricht (3. Buch Mose 17,11 und 17,14). Der Mensch, *adam*, heißt also auch nach dieser Seele, welche sich im Blut für uns darstellt. Ich frage mich daher, ob wir nicht auch das Wort *›adom‹*, das ›rot‹ bedeutet, berücksichtigen sollten. Rot ist doch die Farbe des Anfangs im Norden.

> *Adom* schreibt man, da ja Vokale im Hebräischen nicht als sichtbare Zeichen vorkommen, gleich wie *Adam*, also A-d-m. Die Himmelsrichtungen haben nach der überlieferten alten Weisheit ihre Entsprechungen im Farbenspektrum. Dem Norden ist mit der roten Farbe der Beginn des sichtbaren Spektrums zugeordnet. Die Farbenskala entwickelt sich im Uhrzeigersinn über Orange im Nordosten zur gelben Farbe im Osten. Dann aber übernimmt der Westen, der mit dem Osten die Zeitachse (im Sinne von Zukunft und Vergangenheit) bildet, die Führung der Entwicklung. Der Westen hat die blaue Farbe. In der Mitte, wo Vergangenheit und Zukunft sich berühren, entsteht als Mischung von gelb und blau das Grün. Nach dem Blauen nähert sich das Farbenspektrum wieder dem Anfang im Norden, aber jetzt, wie bei einer Spirale, eine Ebene höher. Purpurblau und Purpurrot, wie das Violett, sind die letzten für uns sichtbaren Farben. Der ganzen südlichen Hälfte entspricht die weiße Farbe.

Aus dem Norden kommt das Material für das Haus Gottes, aus dem Norden kommt der Baumeister *Chiram* – auch er also aus dem Roten; der Mensch kann mit Recht auch ›der Rote‹ genannt werden. Mit dem Adam als *Adom* fängt es an. Ist aber das Blut, das dam, nicht ebenfalls rot? Blut als Träger des Lebens, Seele als Grundlage des Lebens. Das Geheimnis der

Stille, des Schweigens. Dort lebt das Gleichnis Gottes. Aber der Norden, Freunde, der Norden ist zugleich der Ort unserer Füße. Das harte Irdische. Aus dem Norden kommt uns doch die Gefangenschaft, der Norden ist doch der Ort unseres Körpers, der Ort der Strenge des Gerichtes.

Anspielung auf die Mitteilung im Buche Jeremias, im 1. Kapitel, Vers 13/14, wo die Gefangennahme, das Exil, vom Norden her angekündigt wird.

Ist hier nicht das Geheimnis unserer sichtbaren, unserer machbaren Welt verborgen? Warum sonst würde der Sohn Davids mit dem Namen Schlomo (Salomo), was ›der Vollkommene‹ bedeutet und damit auch ›der des Friedens‹, das Baumaterial und den Baumeister aus dem Norden kommen lassen?«

»Bedenke«, warf jetzt der Weise Abraham ein, »bedenket, dort im Norden, ausgerechnet im Roten, ist aber auch der Libanon! Und bedeutet Libanon nicht gerade der ›Weiße‹?

Das Wort für weiß, *laban*, geschrieben 1-b-n, ist Stamm für das Wort Libanon, der seinen Namen, irdisch-kausal, seinen weißen, mit Schnee und Eis bedeckten Gipfeln verdankt.

Das Weiße aber steht doch im Süden. Liegt hier nicht das Geheimnis des Lebens? Der Süden ist doch die Richtung unseres Hauptes und von dem, was darüber ist; der Norden ist die Richtung unserer Füße, der Erde und dessen, was darunter ist. Weiß und rot, die Farben der Blätter der geheimnisvollen Rose, der Schoschana des Hohenliedes, der Rose der Tempelsäulen.

Die »Rose« der alten jüdischen Überlieferung – gemeint ist die jenseitige Wurzel allen Wachstums, auch des geistigen und seelischen – besteht aus den fünf grünen Kelchblättern (wie die Finger unserer Hand, welche den Kelch umfassen) und aus den 13 Blumenblättern, weißen und roten in sechsmaligem Wechsel. Die Farbe des dreizehnten Blattes läßt sich nicht in Worten ausdrücken.

Wie kann man von Geheimnis und Stille *reden!* Und es sieht doch so aus, als müsse man einfach reden, ob man will oder ob man nicht will. Das rote Blatt der Rose sagt: rede! Und das weiße Blatt heißt uns schweigen. Das Material des Hauses redet und schweigt. Es baut sich selber, dieses Haus, und dennoch braucht es uns, um die Zedern vom Libanon heranzubringen, und es braucht den Chiram aus dem Norden«.

»Viele Stimmen gibt es«, warf jetzt Avigdor ein, »Stimmen, die wir hören und Stimmen, welche nicht vernommen werden. Ist nicht auch die Wurzel der Zeichen – das sich nicht zeigende Zeichen? Das klingt wie ein Widerspruch. Lassen wir uns aber nicht ablenken. Sprechen wir nicht jetzt über die Grundlagen unseres Lebens? Lohnt es sich nicht, hier klar zu sehen, das heißt das Licht der Schöpfung zu uns hereinscheinen lassen? Dieses Licht kommt zu uns, wenn wir Sehnsucht danach haben. Und gerade diese Sehnsucht ist doch das Zeichen der Liebe. Lasset uns von diesem Geheimnis des Lebens schöpfen. Es wird ein Schöpfen aus der Stille und aus dem Roten, dem Irdischen, sein. Der Mensch, Adom, als der Rote, und der Mensch Adam, als der Stille – beides ist dann der Mensch, der ›ich gleiche‹ genannt wird«.

»Der Rote, sagst du«, meinte jetzt Efraim, »der Rote, das ist doch in gewissem Sinne das erste unserer Zeichen.

Das hebräische Wort *oth*, Zeichen, ist das Wort für Buchstabe, wie es auch in anderen Sprachen der Fall ist.

Der Buchstabe *Aleph* bedeutet ›Haupt‹, und man weiß, man zeichnete ihn ursprünglich auch als Haupt des Stieres.

Mit dem Zeichen Aleph öffnet sich die Reihe der hebräischen (ausschließlich konsonantischen) Buchstaben. Aus ihm wurde das griechische Alpha. Der griechischen Tradition zufolge brachte einst ein Kadmos die Zeichen aus Phoenizien nach Griechenland. Kadmos kommt aber vom Worte *kedem* und *kadmon*, was »Osten«, aber auch »früher«, »vorher« bedeutet, so daß Kadmos »der Frühere«, »der Vorherige« heißt. Man spricht in der jüdischen Mystik, der Kabbala, vom Adam Kadmon, und das bedeutet einfach »der Adam, der vorher ist«.

Der Stier ist das Zeichen, womit diese unsere Welt anfängt, aber der Stier ist doch auch der, welcher die besondere Beziehung zum Roten hat.

Nach der Rechnung der biblischen Zeit, so wie sie im Judentum geläufig ist, leben wir jetzt im Jahre 5739. Astrologisch betrachtet, müßte dann unsere Welt mit dem Tierkreiszeichen »Stier« begonnen haben – genauer: als bereits rund 700 »Jahre des Stieres« verstrichen waren. Eine einfache Rechnung zurück führt zu diesem Ergebnis. Wir stehen heute am Beginn der Wassermannzeit, das Zeichen »Fische« geht gerade zu Ende, das seinerseits das Tierkreiszeichen »Widder« abgelöst hatte. Da astronomisch jedes Tierkreiszeichen runde 2150 Jahre im »Frühlingspunkt« steht, kommt man rein rechnerisch bei einem Weltbeginn vor 5739 zu dem Ergebnis, daß im »Augenblick« der Erschaffung unserer Welt ein Drittel der Stierzeit schon »vorbei« war. Das würde bedeuten, daß vom Zeichen Stier 1/3 einem »Vorher« zu unserer Zeit zugehört, es also in gewissem Sinne »jenseits« war und nur 2/3 dieses Zeichens zur Zeit der Welt »nach« der Schöpfung gehören.

Spricht die Thora nicht auch von der Bedeutung der roten Kuh, von der vollkommen roten Kuh, an der kein Härchen eine andere Farbe hat? (4. Buch Moses, Kap. 19). Und die Asche dieser roten Kuh entsündigt den Menschen. Ist nicht auch die Sünde im Leben wie das Sprechen im Schweigen?«

»Wir geraten jetzt tatsächlich in Bereiche tiefster Geheimnisse. Ja, dort ist das Haus Gottes. Denn dieser Stier, der aus tiefster Weisheit dem ersten sich zeigenden Zeichen den Namen gibt, hat eben ein grundlegendes Geheimnis. Nur Haupt und ein Teil des Rumpfes sind sichtbar. Er wird aus der Mutter geboren. So erfahren wir ihn, mit seinem Hinterteil immer verborgen. Nur zwei seiner drei Teile sind uns zugänglich. Sein letztes Drittel und seine Herkunft bleiben ein Rätsel. Das ist auch der Grund, warum dieses erste Zeichen, dieser erste Ruf aus dem Jenseits, aus dem Nichts, nicht artikuliert werden kann. Aleph schweigt.«

Da die 22 hebräischen Buchstaben alle Konsonanten sind – und es für die Vokale keine Zeichen gibt, wurden später als Lesehilfe für Laien Vokalzeichen konstruiert. Sie haben keine tiefere Bedeutung und kommen in den Schriftrollen nicht vor. Sogar das moderne Hebräisch schreibt keine Vokale. Man liest ohne weiteres auch Zeitungen und Romane ohne Vokalzeichen. Aus dem Sinn des Gelesenen ergeben sich die Vokale schon von selber. Es geht sogar so weit, daß eine Thora-Rolle, in der Vokale oder auch nur Satzzeichen eingezeichnet sind, als nicht gültig gilt. Die Konsonanten sind das, was in Erscheinung tritt, wie der Körper, wie die Materie; die Vokale betrachtet man als Ausdruck des Geistes, und der Geist kann und soll sich nicht materiell manifestieren. Die Melodie-Zeichen, unter ihnen die Lese-Zeichen, Satzzeichen, wie Punkt, Komma, Fragezeichen, Ausrufezeichen, werden in den Rollen ebenfalls nicht eingezeichnet. Die Melodie gilt als noch tiefer verborgen als die Vokale. Sie entspricht der göttlichen Seele im Menschen. Das Wort ist göttlich, und »nur« das Körperliche an ihm kann und darf, ja *muß* sich zeigen.

Es wird aber erst lebensfähig, wenn Geist und Seele es erwecken. So erst kann der Mensch sprechen, kann er das Wort, das von Gott kommt, in diese Welt mitbringen. – Im sonstigen Hebräisch, das keinen Anspruch erhebt, diese Bedeutung des Wortes zu zeigen, kennt man natürlich »normale« Lese-Zeichen, d.h. zumindest den Schlußpunkt des Satzes.

Der stille, bescheidene Ascher hatte gesprochen, als ob er sich entschuldige, und während er für die Momente des Sprechens nach vorn gebeugt gewesen war, zog er sich jetzt gleich wieder in seine gewohnte Haltung zurück.

Es entstand Bewegung in der Runde. Man spürte, daß sich neue große Erfahrungen ankündigten. Eine Geburt kam in Gang.

»Mit dem Haupt voran kommt der Stier zur Welt. Gerade der hintere Teil bleibt so für immer verborgen. Es ist der Körperteil mit den Geschlechtsorganen. Das ist es, was verborgen bleibt, dort wohnt das Geheimnis. Nennen wir nicht auch das Böse ein zu großes Geheimnis und meiden es? Unverständliches stößt dem Menschen und der Welt aus diesem Bereich zu. Es lockt und stößt. Ist das nicht das Geheimnis des stoßenden Ochsen, des aggressiven, Zerstörung bringenden, stoßenden Stieres?«

Ithamar schaute sich in der Runde um, als er diese Worte,

ebenfalls scheu, aussprach. Als er aber das Warten der anderen verspürte, sprach er weiter, wie im Traum.

»Unter den Begriff des stoßenden Stieres fallen alle Schäden, die einen kausal nicht erklärbaren Grund haben.

Man kennt in der jüdischen Überlieferung, im Talmud, als einen der sechs Hauptteile den Teil *Nesikin*, und das bedeutet, von den „Schäden«. Darunter zählt man alle Schäden durch »höhere Gewalt«, so z.B. die Folge von Bränden, Überschwemmungen, Unfällen ohne einen direkt nachweisbaren Schuldigen. Man könnte sagen: so ist nun einmal die Natur der Welt, daß solche Geschehnisse zum Leben gehören. Ihr Grund ist logisch nicht zu erfassen – gehört eben zu diesem »Stier«, von dem nur ein Teil in unserer Welt sich zeigen kann.

Sie kommen eben aus dieser Sphäre des Geheimnisses. Dort ist auch das Geheimnis vom ›Baum der Erkenntnis von Gut und Böse‹, das man nur als Geheimnis hüten und beschützen kann. Wer wollte es wagen, dort mit seinem gescheiten Verstand nachzugraben? Krieche nicht hinein in den offenen Schoß der Mutter, die diesen Stier gebiert. Tödlich ist die Frucht vom Baum der Erkenntnis. Und, meine Brüder, bedenkt doch, ist nicht Joseph dieser Stier, und ist nicht die wunderschöne, geliebte Rachel die Mutter? Das Geheimnis des Joseph, das die Brüder nicht verstehen! Und das bedeutet, wenn sie trotzdem auf ›Joseph‹ reagieren, daß sie ihn verkaufen. Die 20 Silberstücke, die sie für ihn erhalten, sind das Zeichen *Kaph*, die handelnde Hand.

Wie wir weiter lesen werden, ist das Zeichen *Kaph*, das »Hand« bedeutet, auf der Wirklichkeitsebene der Zahlen identisch mit der Zahl 20. Diese Hand, als Kaph die *handelnde* Hand, ist Ausdruck unseres Tuns – sie bringt die Möglichkeit der Bewegung, der Änderung. Damit erhält sie die charakteristische Prägung des Anfangs einer Kausalitätsreihe, in der durch Handeln das Eine aus dem Anderen folgt.

Es ist wirklich ein großes Geheimnis. Hier liegt auch der Grund für die Worte ›Stier oder Schaf, es selbst und sein Junges, sollt ihr nicht schlachten am gleichen Tag‹. (3. Buch Moses, Kap. 22, Vers 28). Das heißt doch wohl, du kannst sie nicht zugleich verstehen. Ihr Inneres, ihr Geheimnis, ist prinzipiell aus verschiedenen Welten. Wie es auch im vorhergehenden Vers heißt, daß das Junge sieben Tage bei seiner Mutter bleibe. Als Geheimnis also nur mit der Mutter, mit seinem Ursprung zusammen erfahrbar. Erst am achten Tag, *nach* dieser Welt unserer sieben Tage, erfährt man das Geheimnis dieser Welt. Dann ist der Stier vollkommen. Dann wird Joseph erkannt als derjenige, der er ist. Es ist das Geheimnis des geliebten Sohnes Ephraim.«

Man nennt unsere zeit-räumliche Wirklichkeit die Welt des 7. Tages. Die sechs Tage der Schöpfung sind dann der kausal nicht feststellbare Untergrund unserer Welt; es sind die nicht wahrnehmbaren Schichten, worauf unsere Wirklichkeit sich baut. Es ist das Erlebnis der Geschichte, das sich auf diese Art in unserer Wirklichkeit manifestiert. Der 8. Tag ist die erste Erscheinungspotenz der Zukunft. Zukunft im Sinne des Durchbrechens des Zeit-Räumlichen. Alles Künftige, das immer anwesende „Nachher“, steht im Zeichen dieses Achten. Dann ist auch der Stier ganz erschienen. Das Zeit-Räumliche wird eben bedingt durch die Anwesenheit des immer noch unvollständigen, noch nicht voll gekommenen, also stoßenden Stiers. Es ist die immerwährende Gefahr des Unvorhergesehenen, die Ungewißheit des Lebens in Zeit und Raum, so wie man sagt: das Unheil stößt mir zu. Das Bild des *vollkommenen* Stieres steht im Westen, also im immer Zukünftigen auf dem Weg des Menschen. Es ist das Zeichen von Joseph und steht im Lager des Westens in der Wüste: das Lager Ephraims nämlich, Josephs geliebtem Sohn, zusammen mit dem von Menasse, dem anderen Sohn Josephs, und Benjamins, dem Bruder Josephs von derselben Mutter Rachel. Siehe dazu unter anderem 5. Mose 33, 17 und 4. Mose 2, 18–24.

Alle schwiegen, und auch draußen war es still geworden. Kein Blatt rührte sich, der Gesang der Vögel war verstummt.

Da meldete sich der alte Aharon. Und es war, als ob seine Stimme ohne Laut vernommen würde.

»Im Norden der Libanon, im Roten das Weiße. Der Stier in seiner nur zum Teil hier erscheinenden Anwesenheit – und der Stier in seiner schließlich vollkommenen Form. Körper und

Seele, Körper und Leib. Das Eine sucht das Andere, das Eine braucht das Andere. Ist dort nicht der Grund der Liebe? Aber ist dann nicht dort auch der Grund des Leides, der Unsicherheit? Oder könnte man sagen, hier spiegele sich das Geschehen im Himmel wider? Man erzählt doch: als beim Vater im Himmel, in seiner vollkommenen, alles umschließenden Einheit das Bedürfnis entsteht, dieses Glück, diese Vollkommenheit einem Gegenüber mitzuteilen, es also einem Gegenüber zu schenken, und Er den Ihm Gleichenden, den Menschen, den Adam, erschaffen will und er das den Heerscharen im Himmel (die den ›Gott Zebaoth‹, den ›Gott der Heerscharen‹ umgeben) mitteilt mit den Worten ›laßt uns einen Menschen machen‹, daß dann bei diesen Heerscharen ein Raunen wächst, eine Unruhe. Sie sprechen: nicht doch, der Mensch als Gegenüber wird seine Freiheit, diese von dir geschenkte vollkommene Freiheit, die allein Deiner vollkommenen Allmacht entsprechen kann, nutzen, um sich als Gegenüber zu verewigen. Er wird in allem Dein Gegen-über sein. Dort, wo Du die Welt aus Liebe baust, wird er sie in Strenge und Härte konstruieren; er wird sich als Gegen-Gott aufstellen. Und wir, wir werden durch ihn in der Welt Deiner Schöpfung, anstatt durch Deine Liebe erschaffene, vollkommene Wesen zu sein, zu Unvollkommenen werden; wir werden zu Mächten der Strenge, des Todes, der Vernichtung werden. Wir bitten, mache diesen Menschen nicht. Und der Vater zögerte. Ja, sie könnten recht haben, die himmlischen Heerscharen. Des Menschen vollkommene Freiheit, wie sie nur eine der Allmacht entspringende vollkommene Liebe erschaffen kann, enthält auch die Freiheit zum Sich-Abwenden vom Vater, sie enthält die Freiheit zur Sünde. Die Sünde würde das Unheil in die Schöpfung bringen. Nach dem Heil sehnen sich nur die Liebenden, die erkennen, daß Gott seine ungetrübte Freiheit aufgibt, um dem Anderen, dem Gegenüber, die Freude der Einswerdung aus Freiheit mit Ihm zu ermöglichen – Einswerdung zur großen, allumfassenden Einheit. Wenn der Mensch aber in seiner Freiheit dies nicht erkennt? Freiheit bedeutet doch auch die Möglichkeit, nicht zu erkennen. Liebe ist eben kein mechanisch ablaufender Prozeß. Liebe ist Erwartung,

Sehnsucht und manchmal sogar Verzweiflung. Der Vater zögert. Und da meldet sich die himmlische Mutter: ›Ich werde, wenn Du erlaubst, mit dem Menschen in die Welt des Gegenüber gehen. Ich werde ihn, den Du aus Dir hervorbringen wirst, in Deinem Bilde, in Deinem Gleichnis, als Mutter dort gebären. Ich werde mit ihm sein, und jeder Mensch, der dann in der Vielheit dort geboren wird, wird in diesem Zeichen geboren werden‹. Und da stimmt der Vater zu. Er versteht die sich hingebende Liebe der Mutter. So bringt die Materie die Form alles Erscheinenden zur Welt. Aber das Zögern zeigt sich im Stier, der nicht vollkommen erscheint; es zeigt sich in allem Nicht-ganz-Erkennen; es zeigt sich in der Verirrung, in der Sünde. Da ist ein Geheimnis der Sünde, des Bösen. Die Welt wäre aber nicht in dieser Freiheit, wenn nicht gerade diese Potenz zur Sünde, zum Bösen, mit dabei wäre. Mit diesem aus dem Zögern kommenden Adam kommt alles Unvollkommene. Aber aus der Liebe, aus der Hingabe kommt auch der mitleidende Adam, die himmlische Mutter gebiert ihn, damit alles Geborene mit ihm und durch ihn zur Welt kommt. Zwei Seiten also auch in Adam. So heißt bei uns diese Mutter Rachel die Schechina in dieser Welt.

Schechina bedeutet »das Wohnen« und gemeint ist das Erscheinen Gottes in dieser Welt. Sie wird als die Mutter gesehen – Schechina ist ein weibliches Wort – und in der Kabbala auch unter dem Namen Rachel erkannt. Sie leidet, weil das Geschenk Gottes nicht erkannt wird und der Adam sich abwendet, sich selbst zuwendet, selber eine Welt für sich erbauend. So verschwindet das sichtbare Haus Gottes aus dieser Welt.

Und so ist ihr Sohn Joseph der, auf den gewartet wird. Er ist der Stier, von dem wir sprachen. Und ist nicht der leidende Messias der Messias, Sohn Josephs?

Der unvollkommen erscheinende Stier bedeutet also, daß alles, was hier erscheint, nur zum Teil erkannt werden kann. Es gehört zur Art des Erscheinens, daß sich ihm ein Geheimnis verbindet, eben dieser verborgene Teil des Stieres, und das ist Ausdruck des Phänomens des Zögerns überhaupt.

Das Zögern gibt aber der Welt die Zeit, die Dauer. So hängt alles miteinander zusammen. Joseph wird von seinen Brüdern nicht nur – in seinem Verborgenen – nicht erkannt, sie erleben auch den Ärger, daß sich bei ihm etwas anderes manifestiert, etwas, das man beim erscheinenden Körper nicht erwarten zu müssen meint. So wird dieses Nicht-Erkennen identisch gesehen mit dem Verkauf für 20 Silberstücke. Der leidende Messias ist der Messias, dessen erscheinende Seite nicht anerkannt wird. Damit wird Rachel, die Mutter, zur Schechina, die leidet, weil man nicht erkennt. Und man erkennt nicht, weil der Stier nur unvollkommen erscheint, und das hängt wiederum mit dem Zögern zusammen. Das Zögern bringt aber das Gefühl in die Schöpfung hinein. Der Liebende kann zögern, überrascht dann aber wieder durch seine unbedingte Hingabe. Die Geliebte kann enttäuschen, überrascht dann aber wieder durch ihre restlose Hingabe. Und am Ende ist – mit dem Lager im Westen – der vollkommene Stier da.

Das Zögern im Himmel ist also die himmlische Seite der Sünde in der Welt. Daher ist auch die Barmherzigkeit da, um diese Sünde zu vergeben. Tief und gewaltig sind diese Geheimnisse. Wie herrlich ist das Haus Gottes!«

ALEPH – HAUPT (DES STIERES) – DIE EINS

Elischas Augen strahlten. Man spürte ihre Wärme. Seine Begeisterung wuchs, je mehr ihm die Zusammenhänge klarwurden, und übertrug sich mit der Strahlung aus seinen Augen auf die anderen.

»Jetzt verstehe ich auch, wie unser Zeichen für Aleph zustande kommt. Zögernd kommt das Wort, das schaffende Wort, aus dem Himmel, aus dem für uns Jenseitigen, in diese zu erschaffende Welt. Ein schüchterner Ruf, bescheiden, weil eben Gott dem Menschen die gewaltige Freiheit schenkt, weil Gott sich durch seine Allmacht so vollkommen zurückziehen kann. Dieser Ruf aus dem Jenseits! Für uns, die wir nur das Diesseitige, das Zeit-Räumliche kennen, ist das Jenseitige ein Jenseits vom Sein. Für uns ist dort eben das Nichts. Aber das Wort, das von Gott ist, lehrt uns, daß dieses Nichts doch eigentlich erst die wahre, die eigentliche Individualität ist. Denn sind nicht die Zeichen, mit denen das Wort ›nichts‹, das Ajin geschrieben und gesprochen wird, die gleichen, mit denen das Wort ›ich‹, ›*ani*‹, gesprochen und geschrieben wird?

> *Ajin* schreibt man mit den Zeichen *Aleph-Jod-Nun*, und *ani* schreibt man mit *Aleph-Nun-Jod*. Somit besteht eine merkwürdige Beziehung zwischen dem »Ich« und dem »Nichts«.

Aus diesem Nichts, aus diesem wahren, jenseitigen Ich kommt dieser Ruf. Und dieser wird zum Schrei, wenn man in ihm nicht das erkennt, was der Schenkende immer hofft, als Liebender eben, als Gütiger, als Schenkender erkannt zu werden. Denn es drängen jetzt doch die Heerscharen mit. Wie Gott schenkt, möchten auch sie mit in dieser Welt sein, in dieser Welt, wo das große Abenteuer der Liebe erlebt werden kann. Das Zögern brachte die Angst der Freude gegenüber; es brachte aber auch die Dauer in die Welt hinein. Vom Vater kann nur Gutes kommen. Sogar sein Zögern schenkt, schenkt uns die köstliche irdische Zeit, schenkt uns damit den Raum dieser Welt. Wir erleben als schönstes Geschenk jetzt unsere weltliche Zeit.«

»Schreie aus dem Nichts«, fügte jetzt Uri hinzu. »Es braucht große Hingabe, um bis in dieses Gegenüber, um bis in diese Welt, durchzudringen. Wer will schon Rufe aus dem *Nichts* vernehmen? So wie man auch die Stimme des eigenen Ich nicht hören will. Und doch erscheint hier diese Erstgeburt aus dem Jenseits, aus diesem Nichts. Es ist die Grenze zwischen jener Welt und unserer Welt, die dieses Erste durchläßt; das für uns Unsichtbare wird zu einem schüchtern sich zeigenden Tropfen. So erfährt der Mensch diese erste Manifestation aus dem Jenseits, die erste Sichtbarwerdung.«

»Ja, ein Tropfen. Aus diesem Tropfen entsteht der Mensch«, nahm Elischa wieder das Wort. »Es ist der Samentropfen, ein unsichtbares Pünktchen. Es ist der Blutstropfen, es ist die Träne. Schüchtern zeigt sich der Anfang, ein Strichlein aus dem Nichts, es wächst heran, nimmt Raum ein, doch bald endet es erneut in einem Strichlein und verschwindet.

Es ist diese Form des Tropfens, die Ausgangspunkt für alle hebräischen Buchstaben wird. Sie alle stammen aus diesem Stammeln, Rufen und Schreien aus dem Jenseits allen Seins. Somit sind sie alle Schreie aus dem Nichts. Diese Form läßt sich wie folgt darstellen:

Eben ein Tropfen. Aber überlegen wir uns doch, was dieser Tropfen für unser Leben bedeutet. Für uns ist es der Blutstropfen, der Tropfen des Blutes, das das Leben trägt, das durch unseren Körper zieht, alles mit allem verbindet. Und enthält nicht das Wort Blut, *dam*, den Begriff gleichen?

Dam, Blut, und *dome*, gleichen, also d-m und d-m-h, enthalten beide als Stamm d-m. »Blut« und »gleichen« gehören also nahe zusammen. Im Blut birgt sich das Gleichnis Gottes im Menschen. Genauso steht aber »Blut« mit dem Begriff »Stille« in Verbindung (siehe Seite 17). Aber auch der Begriff »rot« steht mit »Blut«, also auch mit »Stille« und mit »gleichen« in Beziehung. Rot, *a-dom*, und Blut, *dam*, sogar auch als *dom* ausgesprochen (siehe Seite 19). Das Blut ist rot, und der Stier erkennt das Rote. Der Stier, sagt man, reagiere so empfindlich auf das rote Tuch, weil er eben nicht nur aus dem erscheinenden Teil besteht, sondern sein Verborgenes, sein Geheimnis, berücksichtigt sehen möchte.

Er greift den Menschen erst an, wenn dieser ihn mit dem Roten reizt; denn allein das Erscheinende der Form ist rot. Das Ganze des Erscheinenden ist aber viel mehr, wenn man den wichtigen verborgenen Teil mit einbeziehen würde.

Schon in ›Blut‹, ›dam‹, kommt zu Wort, daß der Mensch im Gleichnis Gottes ist. Schüchtern wie dieser Tropfen drückt sich das Jenseits hier aus. So bescheiden ist, was im Menschen an Göttlichem ist. Aber bedenket, dieser Tropfen ist auch die Träne. Die Träne des Leides und die Träne der Freude. Und birgt nicht das Wort für Träne, *dim'a*, genauso den Begriff ›gleichen‹, ›schweigen‹ und ›Blut‹?«

Dim'a, Träne, schreibt sich d-m-a (daleth-mem-ajin-he), also mit dem gleichen Stamm d-m wie »Blut«, wie »gleichen«, wie »Stille«.

»Aber das Zeichen *Aleph* hat doch zwei solcher Tropfen! Zwei, weil es das Verborgene und das Erscheinende gibt, weil es Gottes Wollen gibt, diese Welt zu schaffen und den Menschen zu erschaffen, aber dann das Zögern, das Raum und Dauer bringt, und dann das Erscheinende in dieser Welt. Träne der Freude und Träne des Leids! Der Tropfen aus Wasser, das Fließende ohne Eigenleben, und der Tropfen Blut mit dem Gleichnis Gottes. ›Denn die Seele des Fleisches ist im Blute‹, heißt es doch (3. Buch Mose, Kap. 17 Vers 11). Es ist die Zweiheit Himmel und Erde. Das Gute, das uns klar ist, und das Geheimnis des Bösen. Schaut doch, wie in allem das Muster von Gottes Geschenk sich zeigt. Wie herrlich ist dieses Geheimnis der Zweiheit. Doch auch die Möglichkeit zur Sünde ist in dieser Zweiheit gegeben: das Zögern und auch die Reue um die Sünde. Denn im Zögern Gottes liegt ja auch die Möglichkeit, sich zu besinnen, anders zu handeln, als man erst wollte und tat, die Möglichkeit zum Bereuen.«

Elkana hatte das Wort ergriffen, und je länger er sprach, um so mehr begeisterte es ihn. Man spürte, er schaute in die Welten hinein und erkannte überall das Muster Gottes. Und in gleichem Sinne fuhr er fort:

»Bezeichnend für *Aleph* ist auch, daß dieses Zeichen gesehen wird, gelesen, aber nicht gesprochen. Ist das nicht auch grundlegend für unsere Welt? Man kann das Prinzipielle gar nicht aussprechen. Aber man sieht es und muß es dort, wo unser Leben von uns gelesen wird, miteinbeziehen. Aber, Freunde, wir wissen doch, daß der Tierkreis mit dem Widder zu zählen anfängt. Wo ist nun, wenn die Welt mit dem Stier anfängt, mit dem zweiten der Zeichen, der Ort des ersten Zeichens, des Widders?«

»Die Mutter des Stieres, die Mutter Josephs, hat doch den Namen Rachel, und das bedeutet ›Mutterschaf‹, also Mutter des Lammes, des Widders. Ist das dann nicht derjenige, der in seinem Namen die Botschaft der Mutter, der Rachel, trägt, die ihm diesen Namen denn auch unter den Worten gibt: ›der Herr füge mir einen anderen Sohn hinzu‹ (1. Mose 30, 24). Das Wort Joseph bedeutet schon ›hinzufügen‹, ›mehr‹, ›weiter‹. Das sind ja die beiden Aspekte des Messias. Verborgen und sichtbar, aus Jehuda und aus Joseph, der Siegende und der Leidende. Man kann also sagen, der Stier sei deshalb zum Teil verborgen, weil jenseits auch der Widder, das Lamm, steht.«

Kräftig, bestimmt erklang die Stimme des Elia. Und er blickte alle an. Sie senkten die Augen. Der Geist einer anderen Welt wehte herein. War das die Welt des »Nichts«, dort wo das eigentliche »Ich« des Menschen haust? Denn tatsächlich: wo ist der Ort dieses Lammes, wenn die Zeichen erst mit dem Stier, und dazu noch mit dem zum Teil verborgenen Stier ihren Anfang nehmen?

»Auch hier zeigt sich diese merkwürdige Zweiheit der Welt. Der Schöpfer und der Erschaffene; das Verborgene und das Erscheinende; das Schweigen und das Sprechen; Widder und Stier. Im Stier zeigt sich jedenfalls der Wille zum Sprechen; der Widder schweigt, weil er überhaupt jenseits seinen Ort hat. Den Stier sieht man, man möchte ihn völlig artikulieren. Aber er läßt sich nicht aus-sprechen. Zu viel Geheimnis herrscht noch dort. Der Widder aber hat dieser ganzen Welt gegenüber die große Bescheidenheit, die hervorkommt aus Gottes Sich-Zurückziehen, um der Welt, um dem Gegenüber Raum zu geben, einen Ort zu geben. Der Widder bleibt ganz jenseits. Er ist aber Grundlage für alles. Der Stier hat ein Zeichen, der Stier kann sich manifestieren. Aber aussprechen kann man den Buchstaben Aleph nicht. Er schweigt. Das Lamm aber ist Grundlage dieses Schweigens, es ist das Schweigen des Schweigens, die höhere Potenz des Schweigens. Es ist die Welt des ›Nichts‹. Aber von dorther kommt die Sehnsucht, *doch* erkannt zu werden, sich dennoch zeigen zu können. Dazu ist ja die Schöpfung da. Mit der Schöpfung kommt das Neue in die Welt Gottes. Das Neue ist: lieben und geliebt werden. Die Welt mag aussehen wie eine gewaltige Konstruktion, als ob ein unvorstellbar gescheiter Baumeister alles gemacht hätte. Das Geheimnis aber ist, daß jenseits dieses Gescheiten eine andere Macht ist, die Macht der Liebe eben. Deshalb schweigt das Lamm, und deshalb wird auch beim Bau des Hauses Gottes kein Laut gehört. (1. Könige 6,7). Die Liebe ist der Grund der ganzen Schöpfung, aller Bauten, aller Beziehungen. Das ist das Geheimnis der Welt, das Geheimnis des Lammes: es zieht sich zurück, so wie Gott sich zurückzieht, um durch seine Allmacht der Welt die vollkommene Freiheit zu schenken. Diesem Sich-Zurückziehen Gottes, »*Zimzum*«, entspricht das vollkommene Schweigen. Das Lamm ist Grundlage aller Zeichen, hat aber selber hier kein Zeichen. Es ist Grundlage des Sprechens, hat aber hier keinen Laut, ist vielmehr das absolute Schweigen. Es lebt im Nichts und ist damit Grundlage eines jeden ›Ichs‹. Das ist eben das Geheimnis der Liebe, daß sie dieses Schweigen hat.«

Arjeh, der Löwe, griff hier erregt ein.

Wie schon erwähnt, haben alle Namen eine Bedeutung, eine Übersetzung aus der Welt der Bibel in die Welt der Formen. Arjeh bedeutet Löwe. So bedeuten z. B. von den bisher aufgetretenen Namen Elimelech: mein Gott ist König; Abi Eser: mein Vater ist Hilfe; Eli-Eser: mein Gott ist Hilfe; Elchanan: Gott ist gnädig, gütig; Abraham: Vater der Menge der Völker; Avigdor: mein Vater umzäunt; Efraim: doppelt fruchtbar, Doppelfrucht; Ascher: beglückt, Glücklicher, Glückseliger; Ithamar: Palmenland, wo die Palme ist; Aharon: Erleuchteter; Elischa: mein Gott hilft, ist Heil; Uri: mein Licht; aber dieser Name ist eigentlich Uria, und das bedeutet: der Herr ist mein Licht; man läßt das Ausgangs -a aber fort, um nicht den Namen des Herrn zu benutzen; Elia: eigentlich Eliahu, und das bedeutet: mein Gott ist der Herr; Elkana: Gott erwirbt oder: Gott hat erworben.

Man blickte wieder auf, und draußen wurden wieder Laute hörbar.

»Und das eben ist wiederum die Antwort auf die Frage nach dem Zögern des Vaters im Himmel und nach dem Protest der Heerscharen. Denn kann der Mensch, Gott gegen-über gestellt, diese Liebe fassen? Wird er nicht ausgerechnet dort der Liebe gegenüber gestellt, wo das Konstruieren, das Leisten, seinen Ort hat? Wie soll er da diese Liebe überhaupt fassen können? Gewiß, sie ist das Fundament der Fundamente, sie ist das Geheimnis der Geheimnisse. Aber ist es nicht in der Art der Welt schon eingeschlossen, daß der Mensch dieses Geheimnis nicht fassen kann? Liegt es nicht an Gottes unfaßlicher Liebe, daß das dem Menschen – nach der Art der Schöpfung im Gegenüber – geschenkte Fassungsvermögen zerbrechen *muß* an diesem unbegreiflichen Strom der Liebe? Es sieht fast so aus, als ob diese Liebe ein solches Zerbrechen schon von Anfang an mit in Kauf genommen hätte. Denn wo wären sonst das Erbarmen und das

Erlösen an ihrem Ort, wenn sie nicht aus der Liebe heraus wirken könnten?«

Elia schaute ihn sanft an, und alle senkten wieder die Augen. Elia sprach:

»Tatsächlich, das ist das Geheimnis der Liebe. Die Allmacht Gottes schenkt die vollkommene Freiheit: der Mensch im Ebenbild Gottes, im Gleichnis Gottes. So wie Gott frei ist, will Er auch den Menschen als Freien. Aus dieser Freiheit könnte der Mensch, auch wenn er ins Gegenüber gestellt ist, die Sehnsucht der Liebe empfinden – gerade in einer Welt der Verlassenheit, der Öde, des Nur-leisten-Müssens. Das Konstruieren, der Lärm, die Geschäftigkeit würden ihn an seine Herkunft erinnern können, und er würde sich, wie die Sulamith im Hohen Liede, nach dem König sehnen, weil dort das Zuhause ist, weil dort das Heim ist. Sogar wenn er die Liebe nicht faßt, und darin seine Dummheit und Abwendung, also Sünde, manifestiert, sogar wenn er daran zerbricht, aus den Tiefen der Tiefen des Abgrundes wird er sich sehnen und hinaufblicken. Gerade im Zögern hat der Vater das empfunden, und darum heißt es, daß die Seite der Mutter ihre Bereitschaft kund tat, mit hinunterzugehen, bis in die tiefsten Tiefen, und dort mit dem Kind und somit mit allen dort Geborenen zu sein. Ist Liebe nicht gerade dieses große Wagnis bis ins Letzte? ›Versucht‹ sie nicht sogar den Geliebten (wie Gott Abraham ›versuchte‹)? Wenn er besteht, jauchzt das Herz. Wenn er aber versagt, regt sich die Barmherzigkeit. Liebe ist kein Gericht, das Tatbestände analysiert und Urteile daraus deduziert. Liebe besiegt die Sünde, Liebe besiegt den Tod. Hat nicht Abraham zehn Versuchungen widerstanden und wurde geliebt? Und ist nicht Israel zehn Versuchungen erlegen und wird geliebt? Liebe zählt nicht und wägt nicht, Liebe gibt und öffnet sich dem Anderen so, wie er ist. Gewiß, der Mensch faßt diese Liebe nicht! Wie gebrochenen Herzens und doch stolz sagt der Vater: ich verzeihe dir, denn du verhältst dich wie ein Geliebter. Auch wenn du dich abwendest, meine Liebe erlischt nicht.«

Jetzt schwieg auch Elia. Alle hatten aber verstanden. Wie aus einem anderen Raum erklang wieder die Stimme des Arjeh:

»Das Gefäß, das der Mensch ist, zerbricht. Das bedeutet, daß das Licht der Schöpfung, diese unermeßliche Liebe, die jetzt sieht, daß sie nicht erfaßt werden kann, sich verbirgt. Wo verbirgt sie sich? Dort, von wo sie dereinst wieder hervortreten wird. Im Menschen verbirgt sie sich in seinen Knochen, wo sie im Mark ihren Ort findet. Ist nicht das Wort Knochen, *ezem*, auch das Wort für ›das Selbst‹? Im Selbst des Menschen ist der Ort dieses verborgenen Lichtes. Wie die Knochen den Menschen durch das Leben tragen, so trägt ihn das Selbst. Das Selbst, das Ich. Und kommt nicht dieses Wort Knochen, *ezem*, aus dem Worte Baum, *ez*, und rührt es damit nicht auch an das Geheimnis der beiden Bäume im Garten Eden, des Baumes des Lebens und des Baumes der Erkenntnis von Gut und Böse?

Ezem schreibt sich mit den Zeichen *Ajin-Zade-Mem*, als e-z-m. Dem Laute, dem Klangbild nach, steht das Wort *ez*, Baum, nahe dem Worte für Zeit, *eth*.

Diese beiden Bäume haben, wie uns erzählt wird, *eine* Wurzel. Aber sie *erscheinen* als zwei. Wiederum diese Zweiheit, wie Schweigen und Sprechen, verborgen und sichtbar. Ist das Ich genauso zwiespältig? Wo ist dieses verborgene Licht in der Welt? Nur im Ich des Menschen?«

Die Türe öffnete sich, aus dem anderen Raum erklangen viele Stimmen. Die Tafelrunde der 15, die bisher in ihrer Abgeschlossenheit miteinander meditiert hatten, blieb sitzen. Nur Arjeh, der Löwe, begab sich zur Türe.

»Schau, er erweckt den Tag«, sagte Elia, »er hat recht; so ist der Mensch, wie ein Löwe erweckt er den Tag. Er weiß, ohne ihn wäre das Licht des Tages nicht. Nichts wäre ohne den Menschen. Ein König ist der Mensch.«

»Das Schweigen ist aber jetzt gebrochen«, seufzte Elimelech. »Gebrochen wie das Gefäß, wie der eine, einmalige Mensch. Das zu Fassende war auch nicht zu fassen. Gott hat darum gewußt, und es deshalb auch so gewollt. Bei Gott ist das Eins. Das Haus Gottes zerfällt, weil es dem Menschen nicht faßbar ist. Wo ist es? Verborgen in uns? In unserem Selbst?«

»So wie Arjeh jetzt dort an der Türe steht, dort, wo das Licht der Sonne hereinfällt, wo die vielen Stimmen sind, so zieht der

Mensch aus dem Garten Eden in die Welt hinein. So wie das Gefäß, so zerbrechen alle Gefäße. So zerbricht der Mensch in die vielen Myriaden, in die vielen Generationen, so zerbricht das Schweigen in die vielen Laute, in die vielen Worte. Es wird die Welt mit den Buchstaben des Lebens, mit den Zeichen aus dem Nichts, die jetzt in der Welt ihre Geschichte erzählen.«
Abraham sprach es, blickte liebevoll hinüber.
»Laßt die Tür offen. Schaut, das große Licht der Liebe zerbrach in die Lichter von Sonne, Mond und Sternen. Sie sind ebenfalls wie Scherben eines zerbrochenen Gefäßes. Aber kennt Gott nicht jeden Stern bei seinem Namen? (Psalm 147,4). Gott kennt in jedem Menschen den Namen des Splitters, der er, dieser Mensch gerade, ist. Wisset, jetzt suchen sich die Splitter, sie wollen sich wieder vereinen zum großen Gefäß, zum ungeteilten Licht der Liebe Gottes. Und so, wie sich die Splitter zueinander sehnen, zeigt sich in der Liebe der Menschen zueinander diese Liebe Gottes. Sie prägt das Muster jedes Splitters. So baut sich das Haus schweigend. Denn die Liebe findet keine Worte. Die Geschichten aber, die jetzt mit den Splittern des gebrochenen Schweigens erzählt werden, verbinden ebenfalls. Geschichten, immer wieder neue, aber im Selbst dieser Geschichten lebt das verborgene Licht. Aus dem verborgenen Licht dieser unzähligen Geschichten, aus diesen unzähligen Geschicken baut sich, geheimnisvoll und still, das große Licht der Schöpfung, wie es auch der Prophet sagt (Jesaja 30,26). Laßt uns dieser Welt Glück wünschen, daß sie die Verwirklichung von Gottes großem Wagnis mit dem Menschen erleben möge. Und es wird gelingen. Geht nicht die Liebe, diese Sanftmütige, als Gnade und Barmherzigkeit mit? Es ist gut, der Löwe ruft die Sonne, die irdischen Lichter, die Myriaden Splitter. Es ist gut, es ist wirklich sehr gut.«

II.
JENSEITS IM URSPRUNG

– Die Zeichen: Reihe der Einer –

Arjeh, der Löwe, dessen Name doch auch »Licht des Herrn« ist, stand noch unter der Türe; er war aber in den neuen Raum eingetreten. Er wandte sich an die dort Versammelten.

> Arjeh kann auch Or-jah gelesen werden. Die Konsonanten bleiben die gleichen, Aleph-Resch-Jod-He. Und so bedeutet Löwe auch »Licht des Herrn«. Man nennt den Altar im Tempel dann auch Ariel, was dann »Licht Gottes« bedeutet. Dieses Licht nimmt das Dargebrachte auf. Die Flamme am Altar heißt eine himmlische Flamme. Das Dargebrachte wird vom Himmel her verzehrt, es geht auf in die himmlische Welt.

»Ich will euch vom Geheimnis des Ursprungs erzählen. Dort, jenseits, sehnt sich die Liebe, sie möchte erkannt werden. Doch wie kann sie sich in dieser Welt zu erkennen geben? Sie versucht es. Das Material dieser Welt kann es aber nicht ausdrücken. Es kann nicht fassen, was diese unermeßliche Liebe aussagen möchte. Man könnte sagen, es ist unübersetzbar in dieser Welt. Und so ist alles, was hier erscheint, ein Zeichen dieses verzweifelten Versuches, sich hier doch erkennbar zu machen, erkannt, und vielleicht dann doch anerkannt und geliebt zu werden. Denn erst, wenn es erkannt wird, könnte man anfangen, zu ermessen, wie unendlich groß das Geschenk ist. Und vor allem zu verstehen, daß es keine Bezahlung ist, daß nichts zurück erwartet wird, daß es einfach Liebe ist. Ja, Liebe erwartet wohl, daß der Beschenkte Liebe zurückstrahlt, aber nur, weil lieben so unermeßlich schön ist und der Schenkende sich doch freut an der Freude des Beschenkten. Dazu ist ja alles in der Welt da.«
Man wendet sich jetzt dem Arjeh zu. Man ist voller Aufmerksamkeit. Arjeh aber spricht weiter.

»Schaut, aus dem Jenseits kommt die erste Manifestation: der Tropfen. Und gleich zeigt sich diesem jenseitigen Tropfen ein diesseitiger gegenüber. Liebe kreiert; Schöpfung ist Liebe. Seht ihr, Gott bringt in seiner Liebe den Versuch hervor, *hier* erkannt zu werden. Er ruft, schreit aus dem heraus, was wir das Nichts nennen. Und schon erweckt diese Liebe hier das Gegenüber: die zwei stehen einander gegenüber. Wer sieht es, wer erlebt es, für wen und durch wen stehen sie da? Schaut, im Zwischen steht der Mensch! Er kann die Liebenden verbinden, er kann sie trennen. Sein Ort ist zwischen Himmel und Erde, zwischen dem Jenseits und dem Diesseits. Das heißt, er hat Jenseits und Diesseits in sich selbst, er hat das verborgene Licht in sich selbst.

Die beiden Tropfen und der Mensch im Zwischen bilden zusammen das Zeichen Aleph, den Anfang des sich Zeigens, wenn auch noch in ungebrochenem Schweigen. Die Tropfen spiegeln sich, und der »Spiegel« – ob durchlässig oder nicht – ist der Mensch. Das Zeichen für den Menschen ist das sechste Zeichen, so wie der Mensch am 6. Tag seinen Ort erhält. Er ist das Zeichen mit dem Namen, also mit dem Sinn »Haken«, »Verbindungshaken«. Dieses Zeichen ist zugleich das hebräische Wort »und«. Es verbindet. Man sagt, am 6. Tag nimmt der Mensch seine aufrechte Haltung ein; er wird aufgerichtet. Damit verbindet er Himmel und Erde. Er ist das »und« zwischen Himmel und Erde. Diese aufrechte Haltung sagt auch, daß der Mensch bisher da war, aber Jenseits und Diesseits nicht verband. Er lag dahin; wie ein Toter. Jetzt aber ist er auferstanden.

Das Zeichen Aleph, wovon bisher schon so viel die Rede war, das Zeichen mit dem Namen »Haupt« (des Stieres) wird ja so gezeichnet:

א

Also: Tropfen gegenüber Tropfen, mit dem Zeichen »und« im Zwischen.

So ist dieses Zeichen auch in der Mitte des Menschen, in seiner Brust. Es ist das Zeichen für das Herz. Verbindet nicht das Herz oben und unten? Verbindet es nicht eigentlich alles mit allem? Und was ist es, was verbindet? Ist es nicht das Blut, das *dam*, das, was doch auch ›gleichen‹ heißt? Und sind nicht die beiden Tropfen, die Blutstropfen, sind es nicht die Tränen? Das Wasser – immer auch Bild für Zeit – wurde zu Blut. In die Zeit tritt das Gleichnis Gottes ein.«

BETH – HAUS – DIE ZWEI

»Wo ist die Zeit, und was ist diese Welt, dieses Diesseits, wovon wir sprechen«, erhob jetzt Boas seine Stimme. Er ist ein kräftiger Mann, wie sein Name auch kundtut. (Boas bedeutet: »In ihm ist Kraft.«)

»Ist es nicht vielmehr so, daß dort, wo das Schweigen gebrochen wird, wo die im Schweigen geschlossenen Lippen dem sich von innen, vom Verborgenen her andrängenden Lebensatem öffnen, daß dort dieser Knall-Laut entsteht, womit wir den b-Laut hören? Mit diesem b wird die Stille durchbrochen. Sie wollte es selbst, sie drängte. Wir nennen aber, wie das Wort uns schon vom Jenseits offenbart hat – ich meine das ›Jenseits‹ in unserem Herzen –, wir nennen dieses erste sich im Laute manifestierende Zeichen *Beth*, und das bedeutet ›Haus‹. Und das ist nun diese Welt, das Diesseits. Es ist das sich Manifestierende, und dieses bringt gleich seine Welt mit sich. Alles, was sich zeigt, was sich zeigen kann, was sich zu zeigen vermag, bildet diese Welt. Sie ist *unser* Haus. Gottes Haus aber ist jenseits. Gottes Haus enthält alles, was sich hier zeigt, aber dort im Stillen, im Schweigen. Was hier Quantität ist, meßbar, proportionierbar, ist dort Qualität, nicht mit unseren Maßstäben meßbar. Dort ist es der Wurzel nach, eben im Geheimnis, im Verborgenen. Dadurch kann es hier – sichtbar – sein. Gottes Liebe ist es, die dem Schweigen erlaubt, hier in Laute zu zerbrechen; wie die Gefäße zerbrechen, wie das Licht zerbricht. So entstehen die Laute, also auch alle

Geräusche, der Lärm. Es ist aber gut. Denn jetzt kann das Erzählen der Geschichten anfangen. Dort sind alle diese Geschichten in Einem, im Schweigen. Dort ist die Quelle, von wo der Strom der Wasser in diese unsere Welt hineinflutet. Oh, dieser Knall, wodurch das Schweigen gebrochen wird! Damit, Freunde, fängt aber auch die Thora, das heilige Wort zu sprechen an. Ist nicht *Beth* der erste Buchstabe der Thora? Der Stier, das Zeichen *Aleph*, drängte schon, wollte schon, sehnte sich. Wie schön das alles ist!«

Jetzt setzten sich alle. Der Tisch war hier kleiner, und alles machte den Eindruck, als ob man jeden Moment aufbrechen würde. Ein bescheidener, jung aussehender Mann meldete sich zu Wort. Und Arjeh, der voller Freude dem Boas zugehört hatte, erteilte es ihm. Bezalel, so hieß er – und das bedeutet doch »im Schatten Gottes« – sprach nun:

»Das Haus hier ist doch diese Welt, worin wir wohnen. Es ist eben, wie man sagt, ›unsere Welt‹, und man meint: unsere Wirklichkeit, unser Kreis hier etwa, unsere Gesellschaft. Es gibt deren viele. Denn es gibt doch im Himmel viele Wohnungen, für jeden Kreis, für jede Familie. Wie oben, so unten. Wir sind im Schatten von oben. Der Schatten enthält eine Dimension weniger als das, das den Schatten wirft. Der Mensch ›im Bilde Gottes‹ heißt eigentlich auch, daß der Mensch in der Zeit ›Schatten Gottes‹ ist.

> Das Wort »Schatten« ist im Hebräischen *Zel*. Und »Bild« heißt *Zelem*. Diese Worte werden geschrieben z-l und z-l-m. Und das m am Ende des Wortes zeigt auch an, daß es mit im Strome der Zeit ist. Man weist auch darauf hin, daß das Wort für Schatten seinem Zahlenwert nach 120 ist, und die Jahre des Menschen in dieser Welt werden ebenfalls mit der absoluten Zahl 120 angegeben.

Nun, diese Welt des Quantitativen hat, wie das Haus, Grenzen. Innerhalb dieser Welt herrscht die Wirklichkeit der Quantitäten, die Gesetzmäßigkeit des Proportionalen. Aber wir wissen dabei, daß es außerhalb des ›Hauses‹ ganz anders zugeht. Einerseits fühlen wir uns in diesem Haus ganz wohl, geborgen, beschützt; aber andererseits bedrängt uns fortwährend die Frage, was wohl alles außerhalb sein könnte. Ist dort etwas Bedrohliches? Wo sind die Grenzen dieser Welt? Man sagt, sie sei unendlich weit und hoch und tief. Aber alles gemessen mit den Maßstäben eben dieser meßbaren Wirklichkeit. Diese sagen aber nichts aus über den Sinn der Schöpfung, nichts über den Sinn des Lebens. Innerhalb dieses Hauses, dieser Welt, scheint unser Leben sinnlos. Und wie schnell führt das zur Verzweiflung. Uns wird eng (angst) in den Grenzen des Hauses. Denn das Andere draußen, bedrängt uns, als ob dort die Antworten auf unsere Fragen zu finden wären; wir aber wollen sie nicht hören, weil wir innerhalb des Hauses unser Genüge finden möchten. Sichtbares und Verborgenes. Immer das gleiche Thema, wenn auch mit mannigfachen Variationen. Es bestimmt die Melodien und Lieder unserer Leben.«

»Es gibt deshalb auch das Innen und das Außen«, meinte jetzt Baruch, dessen Name Segen bedeutet. »Es gibt das Innen dieser Welt, und damit überall die ihm entsprechenden Begriffe. Das Außen ist uns fremd. Aber wenn es keine Antwort von jenseits der meßbaren Dinge gäbe, trockneten wir doch aus. Wir sehen es im Bilde unserer Häuser in dieser Welt. Auch hier brauchen wir den Verkehr mit den Anderen. Man würde verhungern, man würde verrückt werden, wenn es keine Verbindung gäbe mit draußen. Vielleicht ist unsere Sehnsucht eben, das, was draußen ist, kennenzulernen. Das so Andersartige. Wir sagen auch, das Haus sei das Bild der Frau. Also sehnt sich die Frau nach dem Mann, nach dem Held, der draußen ist und den Atem der Welt von draußen mitbringt. Sie möchte ihn gern bei sich empfangen, bei sich zu Hause. Draußen ist nicht eine Verlängerung von drinnen; draußen ist das ganz Andere.«

»So zeigt es sich doch auch im Zeichen«, sagte jetzt Benjamin. »Durch die Explosion, den Knall-Laut, durch den das Schweigen gebrochen wird, durch das Zerspringen des Gefäßes, das diese unvorstellbare Liebe nicht fassen konnte, wurden die vielen Zeichen möglich.

Das »Zerbrechen der Gefäße« im Hebräischen *schwirath hakelim* ist in der jüdischen Tradition ein fester Begriff, der bis in viele Bräuche hinein Form angenommen hat. Denn was wahr ist, ist in allen Schichten wahr. Was oben ist, ist auch unten. Bei einer Verlobung und bei einer Hochzeit wird z.B. ein Gefäß mit Absicht zerbrochen, weil dann eben oben und unten, Mann und Frau, wie Himmel und Erde, ihren Weg zusammen zu gehen anfangen. Auch der Ausdruck »Scherben bringen Glück« will wohl das gleiche besagen. Aus der Vielheit beginnt der Weg, und das ist der Sinn der Schöpfung von der Vielheit zur Einheit. Das Gefäß zerbricht, Liebe aber kittet die Scherben zusammen. In diesem Zusammenkommen erfährt man erst die Macht und Schönheit der Liebe. Beim Zerbrechen des Gefäßes bei einer Hochzeit oder Verlobung sagt man im Hebräischen *masel tov*, und das bedeutet wörtlich »ein gutes Sternzeichen«, also so viel wie »gut Glück«. Die Sterne zeugen vom Bruch des Urlichtes, welches einer ganz anderen Ebene zugehört. Aber so wie Gott die Sterne alle bei Namen kennt, so kennt er alle Scherben bei Namen. Und so wie das große, jetzt verborgene Licht wieder hergestellt wird, so wird alles wieder heimgebracht, wohin es sich in seinem Heimweh sehnt.

Es entstanden die Bäume, die Gräser, die Vögel, die Sterne, die Menschen und Tiere, die Berge und die Täler, die Meere und die Wüsten. Es entstanden auch die Zeichen, womit Gott aus dem Jenseits die Laute hier zeichnete. Alles das sind Rufe aus dem Jenseits, Versuche, verstanden, gelesen zu werden. Alle diese Zeichen fügen sich zu Geschichten zusammen. Was sagen uns diese Zeichen? Ich glaube, wir gehen unter in der Flut, die deren Vielheit verursacht. Doch oben, jenseits, dort gibt es eine Ordnung, weil dort die Qualitäten und nicht die Quantitäten herrschen. Qualitäten können zu einem Sinn führen; Quantitäten allein wohl niemals. Sie ersticken, erdrücken, lassen einen ertrinken. Es handelt sich eben darum, daß uns eine Verbindung mit dem Jenseitigen bleibt. Sie bleibt uns, da der Mensch mit dem Worte erweckt wurde; der auferstandene Mensch verbindet immer oben und unten. Das heißt, er kann verbinden, er kann es allerdings in seiner Freiheit auch sein lassen. Das ist eben die Folge der Liebe Gottes. Wie herrlich rätselhaft wirkt sie doch! So aber erscheint das Zeichen *Beth* und zeigt uns, wie die Ordnung oben dem unten drohenden Chaos Einhalt gebietet.

Das Zeichen *Beth* zeigt die Ausdehnung. Auch in der Schöpfung bringt der zweite Tag die Ausdehnung und die Unterscheidung zwischen den Wassern oben und den Wassern unten. Die Wasser unten nennt man die weiblichen Wasser, wie das Haus unten das Haus der Frau heißt. Die Wasser oben sind die männlichen Wasser, die den weiblichen einen Sinn geben. Alle Zeichen im Hebräischen haben den »Tropfen« als Anfang. Dieser Tropfen fängt an, sich zu manifestieren, dort wo er räumlich sichtbar wird. Deshalb wird die Zeile für die Schrift als die – unsichtbare – Grenze zwischen jenseits und diesseits gesehen. Die Zeile wird aber nicht gezeichnet – die Grenze ist ja unsichtbar – aber dennoch angedeutet, indem sie mit einem scharfen Gegenstand graviert wird. Das Material, worauf im Prinzip – also bei heiligen Rollen – gezeichnet wird, ist Pergament; in diesen Fällen präpariert aus der Haut – – – eines Stieres, oder doch eines Tieres dieser Gattung. Und alle Zeichen hängen an dieser unsichtbaren Linie. Nur der Anfang des »Tropfens« steht noch oberhalb. Das bedeutet, daß alle Zeichen von »oben«, vom »Jenseits«, aus dem »Nichts« kommen und gerade anfangen, wie ein Tropfen, Raum zu erschaffen. Man kann es sich so vorstellen:

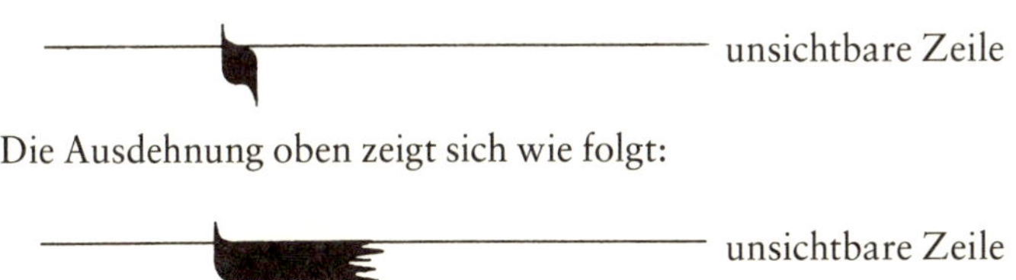

Die Ausdehnung oben zeigt sich wie folgt:

Da sie aber von einer Ordnung beherrscht wird, ist sie in ihrer Ausdehnung quantitativ begrenzt. Die Ausdehnung unten nun erscheint unbegrenzt:

Jetzt aber entsteht, durch das Sich-Sehnen des Menschen die Verbindung zwischen oben und unten. Damit wird jetzt unten ebenfalls eine Grenze gesetzt. Das Obere läßt einfach die unbegrenzte Ausdehnung des quantitativen Unteren nicht zu. So wachsen die Bäume nicht in den Himmel, so bleiben die Temperaturen innerhalb von Grenzen, so lebt auch der Mensch irdisch nur begrenzt. So ist das intellektuelle Vermögen begrenzt. So wie unser Spektrum nur ein begrenzter Teil ist von dem, was eventuell sichtbar oder hörbar wäre. Das bedeutet, daß das Zeichen *Beth* schon in seiner Form dies alles ausdrückt. Man braucht nur diese Zeichen, diese Symbole, in ihrer Aussage zu verstehen.

Alle hebräischen Zeichen ›hängen‹ also faktisch an dieser unsichtbaren Linie, wie alles, das sich unten, im Zeit-Räumlichen zeigt, am ›Firmament‹ hängt. Dieses Firmament ist die nicht feststellbare Grenze zwischen dem Diesseits und dem Jenseits, zwischen den Wassern unten und den Wassern oben.

Die Qualität, mit anderen Worten, gibt dem Quantitativen einen Sinn. Es gibt aber auch im Bereich des Qualitativen Irrgeister. Auch jenseits gibt es prinzipiell die Möglichkeit, daß die Gefäße zerbrechen. Das ist der Ruf der Heerscharen, den Menschen *nicht* zu erschaffen. Ob es nun ein Nichtgönnen ist oder tatsächlich Angst um die Schöpfung, was auch immer, dieser Widerstand, der dann das Zögern beim Vater im Himmel herbeiruft, drückt sich auch aus in den Irrtümern des Menschen, in der Potenz, sich abzuwenden, ein Sünder zu sein. Das ist auch das Rätsel der gefallenen Engel, wie man sagt. Eine gewaltige Einheit ist diese Schöpfung. Alles ist mit allem verbunden. Seht doch, wie das Zeichen Beth sich nach rechts schließt. Es deckt das Vorherige zu. Es läßt das Kommende frei. Im Vorher aber steht das Geheimnis, das hier nicht erscheinende Zeichen *Aleph* und das überhaupt als Grundlage der Grundlage anwesende Lamm.«

Man liest die hebräische Schrift von rechts nach links. Rechts liegt also das Vorherige. Das Hebräische liest man in der Richtung der Zeit, von Osten nach Westen. Das Griechische und natürlich auch viele andere Schriften werden von links nach rechts gelesen. Sie deuten unbewußt eine Rücckehr an. Aus der Zukunft, wo das sich jetzt noch in der Zeit Entwickelnde bereits *ist*, kommt die Mitteilung des Guten am Ende, die Mitteilung von der Auferstehung des Körpers, und damit gibt es immer eine Gegenrichtung, der Zeitentwicklung entgegen. Man sagt, daß von links her, vom Westen, vom Künftigen das Singen komme, die Melodie, während die Zeichen der Konsonanten, dem Körper in seinem Wachstum entsprechend, und die Vokale, dem Geist entsprechend, sich von rechts nach links bewegen. Sie zeigen die Entwicklung. Während das Singen, die Melodie, die schon das Wissen um den Sinn von allem birgt, sich von Westen nach Osten bewegt.

Berachja sagte nun (Berachja bedeutet: »Segen des Herrn« oder »der Herr segnet«): »Stellen wir aber auch fest – wenn das Haus bewohnt ist (man deutet das an mit einem imaginären Punkt im Zeichen *Beth*), dann spricht man von Beth als einem B. Wenn das Haus nicht bewohnt ist, dann sagen wir *Weth*, also ein v oder w. Das ist ein Hinweis auf den Menschen, den Auferstandenen vom späten sechsten Tag, der kommen wird, dieses Haus zu bewohnen.

Im Schöpfungsbericht kommt der Mensch am 6. Tag in die Welt. Die Überlieferung meint, der Mensch sei schon von Anfang an da, liege aber (siehe auch Seite 42) noch am Boden. Erst am 6. Tag, wo er namentlich genannt wird, steht er auf. Das ist ein Hinweis auf die Auferstehung der Toten. Es ist auch ein Hinweis auf den Erlöser, den Messias, der dann das Haus der Welt bewohnen wird. Es ist aber auch der Mensch gemeint als Ziel, wie ihn Gott will und gewollt hat. Deshalb kommen die Zeichen und ihre Aussprache auf diese Art zu uns.

Wir suchen ihn innen und außen. Wie aber finden wir den Weg nach außen? Doch nur, indem wir den für uns einzig freien Weg gehen, den Weg der Zeit. Die Zeit bewegt uns schon, wir *müssen* einfach gehen. Wir werden jede Stunde älter. Das ist der Weg des Menschen. Der Weg durch die Wüste, der Weg aus der Gefangenschaft ins gelobte Land. Man sucht, und man wird geführt.«

GIMEL – KAMEL – DIE DREI

Neue Schüler der Weisheit treten ein. Im Nebenraum ist jetzt Stille eingetreten. Die Neuen werden erleichtert begrüßt. Sie bringen den Duft des Neuen mit sich.
Gamliel, der Größere, wendet sich, als ob er das Gespräch von Anfang an vom Nebenraum her schon verfolgt hätte, an die Tischrunde.
»Ist nicht das dritte der Zeichen *Gimel*, das Kamel, das den Menschen den Weg durch die Zeit und Zeiten gehen läßt? Es trägt den Menschen. Er selber ruht; er könnte von sich sagen, er sei derselbe, er bewege sich nicht. Er wird aber getragen, und das ihn Tragende bewegt sich und bringt ihn durch neue Lande. Von Station zu Station. Es ist dazu erschaffen, gerade den Weg durch die Wüste zu gehen. Und ist nicht das Wort für Wüste, *Midbar*, so geschrieben, daß wir auch *Medaber* lesen könnten, und das bedeutet ›sprechen, reden‹. (Midbar *und* medaber schreibt man m-d-b-r.)
Und ist die Wüste in der Thora nicht Bild der Stätte, wo Gott zum Menschen spricht, ihm das Wort offenbart? Sprechen wir nicht von den ›zehn Worten‹, den *assereth hadibroth?* (Im Judentum kennt man den Ausdruck ›zehn Gebote‹ nicht; man spricht immer nur von den ›zehn Worten‹.) Und ist in diesen Worten nicht die ewige Struktur des Menschen enthalten? Der Weg des Menschen, auf dem das Kamel ihn trägt, ist dann auch der Weg des Wortes, das zu ihm kommt. Es sind die Begegnun-

gen, die ihm geschickt werden, es sind die Geschichten, die sein Geschick und Schicksal bestimmen. Für unser Leben sind sie das, was der Weg des Kamels uns bringt.«

Man nickt freudig zustimmend, ein wenig auch lächelnd. Denn enthält der Name Gamliel nicht ebenfalls das Wort *gamal*, Kamel? Man könnte den Namen übersetzen mit »Gott ist mein Kamel«. Und das zeigt auch schon wieder, wie jedes Geschöpf durch das Wort viele Geheimnisse mit sich trägt, derer es sich kaum aller bewußt sein kann. Gamliel kann aber auch gelesen werden als »Gott vergilt mir Gutes«. Dieses »Gutes vergelten« ist eine Erscheinungsform des Weges des Menschen. Die nicht richtige Aussprache des Namens Gamliel hat den Namen Gamaliel hervorgebracht. Jetzt aber ertönt die Stimme des Gedalja (Gedalja bedeutet »Der Herr ist groß«):

»Ja, du sprichst recht, Gamliel, aber wir sollten die Größe der Schöpfung in ihrer Unermeßlichkeit niemals durch Nicken einschränken! Wieviel weiter führt uns der Name dieses dritten Zeichens! Tatsächlich, es bedeutet den Weg, den wir durch die Welt gehen, den Weg durch unser *Beth*, den Weg durch das Haus dieser Welt. Und gewiß ist das Wort, das Sprechen dabei die wichtige Erfahrung, das Führende wohl auch. Aber sind die Zeichen dieses Wortes *Gimel* nicht auch dieselben Zeichen wie beim Wort für ›reifen‹, für das ›Entwöhnen‹ eines Kindes von der Muttermilch, und gebrauchen wir nicht wieder dieselben Zeichen beim Wort ›vergelten‹ (im Sinn von ›belohnen‹), vor allem aber auch beim Wort ›Gutes tun‹? Denn besteht der Weg durch die Welt nicht gerade auch in diesem *Reifen*, in diesem Sich-irdisch-selbständig-Fühlen, und wird uns dann nicht auch ›vergolten‹, so daß wir imstande sind, in dieser Welt zu leben? Vor allem aber wird uns doch fortwährend auf unserem Wege Gutes erwiesen; Wunder, Rettungen, Heilungen. Es ist ja auch ein alter Brauch, Gott nach einer bestandenen Reise, nach einem guten Ausgang einer Sache mit dem *gomel*-Segen zu danken. Es ist uns nur nicht bewußt, daß das Wort *gomel* genau gleich geschrieben wird wie *Gimel* und wie *gamel*, das Kamel, das uns durch die Welt trägt, durch die Zeiten des Lebens führt. Das meinte ich damit, daß die Worte schon zeigen, wie alles zusammenhängt. Wie gut, daß wir das Geheimnis der Vokale kennen, die nicht gezeichnet werden. Der Geist ist frei, er darf nicht gebunden werden, indem wir ihm ein Zeichen geben.

Die Vokale entsprechen dem *Ruach*, dem Geist. Ohne Vokale, ohne den Geist, kann kein Leben sein. Die Konsonanten, die ihre Zeichen, ihre Buchstaben haben, entsprechen dem Körper. Und dieser entspricht den »Völkern«, dem, was erscheint. Die Vokale, für die es keine Zeichen gibt, entsprechen dem Geist. Und dieser entspricht »Israel«. Und damit auch der Seite »Israel« im Menschen, bei der es um die Auseinandersetzung mit dem Göttlichen und die dort fallenden Entscheidungen geht. Das steckt schon im Namen Israel, wie die Namengebung zeigt (1. Mose 32,29). Dieses »Israel« erscheint nicht im Sichtbaren während des Weges durch die Zeit. Es ist verborgen, wie auch die Vokale nicht gezeichnet werden. Eine Thora-Rolle mit eingezeichneten Vokalen ist ungültig als heilige Erscheinung. Das, was nicht Bild werden kann, wurde dann doch abgebildet. Das, was in der Zeit, auf dem Weg des Menschen, sein Schicksal ist und sich nur im Ganzen der Zeit manifestiert, wird zum Bild, zum Erstarrten. (Das Wort für Bild, *Pessel*, p-s-l, ist gleich geschrieben wie das Wort für ungültig, *passal*, auch also p-s-l. Die Melodie-Zeichen, die der *Neschama*, der (göttlichen) Seele entsprechen, werden erst recht nicht dargestellt. All das soll frei sein. Man kann sich zwar an gewisse Regeln halten, die aber nicht zwingend sind. Und so wie die Vokale Israel entsprechen, so entsprechen die Melodie-Zeichen dem Stamm Levi im Lager Israels. Levi bedeutet »führen, geleiten, begleiten«, und es ist Levi, es ist der Levit, der im Hause Gottes, beim Weg des Menschen durch dieses Haus, singt. Die Melodie unseres Lebens wird von Levi in Israel bestimmt. Es ist das uns Führende, das unser Leben zum Lied, zum Tanz macht.

So nur verstehen wir den *Sinn* unseres Lebens, unseres Weges, und so werden wir den Weg geführt. Sind nicht die Führer auf dem Weg durch die Wüste Mose und Aharon und mit ihnen Miriam, und sind sie nicht alle drei aus Levi, und heißt Levi nicht ›führen, begleiten, leiten‹? Wir sehen also: ein Kamel!«

Man wurde lustig. Der Weg weckt auf, und der Aufgeweckte kann so herzlich lachen. Die Blicke wandten sich zu Gabriel. Würde er, dieser Gewaltige, nichts zu sagen haben?

> Gabriel bedeutet »Kraft Gottes«, oder »Meine Kraft ist Gott«. Gabriel steht auf der Seite der körperlichen Erscheinung im Norden, während Michael – das heißt »Wer ist wie Gott?« – im Süden steht. Uriel – »mein Licht ist Gott« oder »Licht Gottes« – steht im Osten, und Rafael – »Gott heilt« – im Westen. Im Westen, in der Zukunft also, ist alles heil, geheilt, vollkommen. Aus dem Ursprung strahlt das Licht Gottes, die Liebe Gottes.

Gabriel schaute alle an und sprach:

»Wenden wir uns doch dem Zeichen *Gimel* selber zu. Wie zeigt sich dieser Ruf des Weges in der Form der Erscheinung? Sobald der Weg da ist im Sinne des Suchens nach Gott, einer Sehnsucht nach dem Vater, sobald ein Weg aus der Gefangenschaft des Zwanges in die Freiheit der Erlösung führt, erscheint die Form des Menschen. Denn das ist der ganze Sinn des menschlichen Seins: sein Weg zu Gott! Wir sehen also das sechste Zeichen, das Zeichen *Waw*, das ›und‹, die ›Verbindung‹.

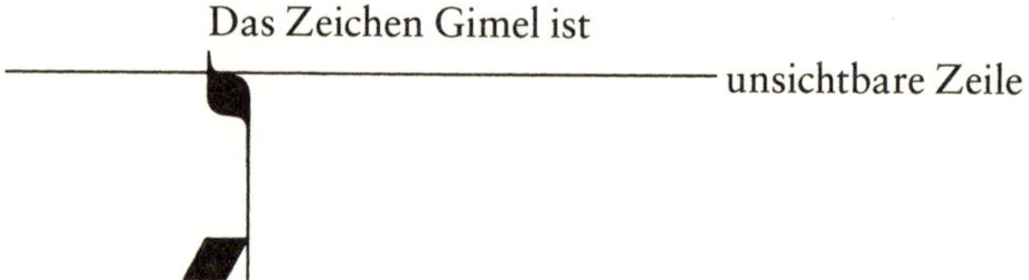

Es besteht also aus *Waw*, dem Zeichen des Menschen (siehe weiter unten im Text), und diesem aus den Tiefen aufsteigenden irdischen Teil. Man zeichnet dann auch die Richtungen wie folgt:

Der Weg wäre aber ein mechanischer Ablauf, wenn nicht der Mensch diesen Weg in seiner unermeßlichen geistigen und seelischen Freiheit gehen könnte. Dem Menschen auf seinem Weg gesellt sich die Versuchung bei. Sie will erprobt und erkannt und an ihren Ort verwiesen werden. Damit würde sie zum Zeichen des Sieges der menschlichen Freiheit und seiner Entscheidung. Aus dem Unteren steigt sie empor, starrer, kälter noch als das menschlich Konkrete, als seine Füße, die ihn den Weg führen.

Die Füße des Menschen stehen nach der Überlieferung im Norden. Im und auf dem Festen, Konkreten, vom Menschen als *real* Bezeichneten. Das Haupt ist im Süden, im Nicht-Bedingten. Der Schwere unten steht das Leichte, die »Verdünnung« oben gegenüber. Der Weg des Menschen in der *Zeit* ist der Weg von Osten nach Westen. Die eine Richtung kreuzt also die andere. »Die Füße auf dem Boden« – das Konkrete, das Praktische – bedeutet die starke Beziehung zum Irdischen. Und dort ist dann bald die Konfrontation mit der Schlange (mit dem »Gescheiten«), die alles in den Bereich des »Was zu beweisen wäre« zerrt.

Es ist die Schlange, die den Menschen in seine Ferse beißt. Dort, in der Berührung mit dem Boden, dort ist der verletzliche Ort des Menschen. Dort ist der Bereich der Wahl, dort lebt die Alternative.

Die Ferse des Menschen, *ekeb*, ist auch das Wort für Alternative. Denn in der fortwährend zurückkehrenden Berührung mit der Erde beim Gehen steht dem Menschen immer die Versuchung gegenüber, auf das Gespräch mit der Schlange, auf das Locken des Konkreten einzugehen. So tut der Mensch schon im tiefsten Innern, dort, wo das Bild der Bibel die Geschichte vom Garten Eden erzählt. Dort läßt sich das Weibliche im Menschen, seine zeit-räumliche Erscheinung, in ein Gespräch mit der Schlange ein. Dieses »äußere« Tun läßt das Innere, Verborgene im Menschen, das »Männliche« in ihm, mitziehen. Es ist das Geheimnis des Tuns, welches das Geheimnis des Leibes in dieser Welt schon manifestiert. Der Leib, der in der Zukunft, im Westen, seine

Vollkommenheit erreicht. (Siehe auch 1. Mose, Kap. 3, und vor allem Vers 15.)

Wird der Mensch diesen Weg zu Gott gehen, oder wird er sich mit der Schlange einlassen? Je weiter fort von der Ausrichtung auf das Himmlische, umso konkreter, erstarrter zeigt sich alles. Der Mensch erliegt eben gerne der Versuchung des ›ganz Sicheren‹, noch sicherer als sicher; sicher ohne Ausnahme; garantiert sicher. Wer garantiert? Die Schlange. Seht ihr das Zeichen, Freunde? Seht ihr, wie Gott diese Zeichen formte; sie sind die Rufe Gottes, uns zu wecken. Er bietet sie uns an, und wir sagen etwas irritiert: er gebietet. Schaut doch und staunt.«

Das Wort »bieten« bringt natürlich auch das »Gebieten« mit sich. Bieten ist aber auch ein Darbieten, ein Angebot, ein Ansporn, etwas, was den Menschen erweckt. Im Indogermanischen scheint ja diese Beziehung auch zu bestehen im Begriff »Buddha«, »der Wache«, der Erweckte. Gebote wären also auch Weckrufe aus dem Jenseits, genauso wie die Verbote.

Stimmen schwirrten jetzt durcheinander. Die Tafelrunde aus dem Nebenraum trat ein, strahlende Antlitze brachten Helligkeit herein. Eine neue Stimme meldete sich, die von Gad, dessen Name »Glück« bedeutet.

»Darf auch ich meine Geschichte vorbringen, Freunde und Lehrer, darf ich darauf hinweisen, daß das Kamel sogar diese Doppelheit, diesen Weg zu Gott und diese Versuchung aus den Abgründen der Welt, in sich trägt? Ist nicht das Kamel wiederkäuend, und damit nach dem Geheimnis der Bibel ›recht‹, und gleichzeitig ein Tier ohne gespaltene Hufe, wodurch es wiederum ›nicht recht‹ ist?

Siehe 3. Buch Mose, Kap. 11, und dort auch Vers 4. Das Wort »recht«, welches hier benutzt wird, ist die eigentliche Übersetzung vom Begriffe *koscher* oder *kascher*. Es will sagen, daß eine Begegnung mit dem »Rechten« vom Menschen auf seinem Weg zu Gott verstanden und aufgenommen werden kann. Das »Nicht-Rechte« schadet dem Menschen auf seinem Wege, er versteht es nicht oder falsch; es kann ihn verwirren. Körperlich ausgedrückt würde man sagen, er verdaue es nicht oder es sei giftig. Natürlich gilt diese Mitteilung der Thora

nicht für das direkte körperliche Wohlbefinden. Denn sonst wäre die Freiheit des Menschen beschränkt. Er würde es einfach nicht tun, weil es ihm hier, irdisch, konkret, schadete. Bedenken wir doch, ›wiederkäuend‹ will sagen, daß hier nichts direkt, kausal, weltlich-logisch gilt. Es muß eine zweite Begegnung folgen. ›Recht‹ macht auch die ›gespaltene Hufe‹. Man steht und geht eben nicht auf einem ein-deutigen Fuß. Auch hier wieder die Zweiheit. Das Sichtbare und das Verborgene, das Böse und das Gute. Wie weit zieht doch das Geheimnis der Schöpfung in die Geschöpfe hinein, alles ist mit diesem Muster Gottes geprägt. Und denken wir auch an die zwei Höcker des Kamels. *Das* ist es, was uns den Weg gehen läßt. Das Kamel mit seiner ungespaltenen Hufe gibt nicht vor, ›recht‹ zu sein. Deshalb darf es uns auf dem Weg tragen. Von innen dagegen, verborgen also, ist es wiederkäuend, und somit ›recht‹. Vor der Versuchung sind wir gewarnt. Das Äußere unseres Trägers warnt. Wir sitzen hoch, geschützt.«
»Gut sind deine Worte, Gad. Sie zeigen, wie das Gespräch im Himmel – wenn wir es so nennen dürfen – bis ins letzte unserer Welt seinen Ausdruck findet. Das heißt, daß jenes Gespräch einmalig und zugleich ewig ist. Daß es die Quelle unseres Lebensstromes ist.« Gamliel nahm das Gespräch wieder auf. »Denn schaut, ist nicht das Dritte im Tier-Kreis der Sterne das Bild der Zwillinge? Nach dem Stier also die Zwillinge! Und sehen wir nicht auch, daß der Dritte unserer Väter, Jakob, ein Zwilling ist und sein Name sogar aus dem Begriff ›Ferse‹ gebildet wurde? Und der dritte Tag der Schöpfung ist ebenfalls geteilt in zwei Schöpfungstaten. Die zwei Füße des Zeichens *gimel!* Dort ist das Kamel also schon ›recht‹. Dort warnt aber auch das Zeichen vor der Versuchung des Abgrundes. Gott vergilt uns wirklich tagtäglich Gutes, er beschenkt uns mit dieser reichen Schöpfung. Der Weg ist gesegnet, er bringt Glück. Er verbindet die eine Welt mit der anderen, das eine Leben mit dem anderen, innen mit außen. Ich verstehe jetzt erst recht meinen Namen, mein Schicksal. Die Formel meines Lebens. Gott vergilt mir das Gute, er schenkt mir Gutes. Und mein Leben steht von Anfang an unter der Führung des Kamels, wobei man die Welt

als Haus erkennt, bis zu jenem Punkt, wo man feststellt, daß das Haus eine Tür hat. Das Kamel bringt dorthin. ›Gamliel‹ bringt mich bis zu diesem Tor, Anfang des Weges und Ende des Weges. Auch hier die Zweiheit. Und die Versuchung ging mit, wurde aber in ihrem Sinn erkannt. Tatsächlich, die Zeichen sind die Meilensteine des Weges, es sind die Zeichen unseres Lebens. Wohin hat der Weg des Zeichens *gimel* uns geführt? Geht der Weg noch weiter außerhalb des Hauses, außerhalb unserer bekannten, konkreten Welt? Ja, gewiß, wir sind wohl schon außerhalb dieser Welt, aber dennoch erst am Beginn des Weges. Es ist erst das dritte Zeichen, und es gibt doch 22 Buchstaben. Sie erzählen unser Leben, sie erzählen das Leben der Welt. Geht weiter, Brüder.«

DALETH – TÜR – DIE VIER

Alle standen auf, man begab sich zur Türe. Als man sie öffnete, traten aber neue Gäste ein, eine ganze Reihe. Man begrüßte sich herzlich und umarmte die Eintretenden.

»Euere Türe öffnete sich, und da sind wir eingetreten. Es sieht so einladend aus«, sagte Dan.

Dan bedeutet Richter – und zwar hier als Erfahrung, daß Fragen geklärt und auf Fragen auch Antworten gegeben werden. Und zwar nicht nur bei gesellschaftlichen Konflikten, sondern auch, ja an erster Stelle, bei Konflikten im eigenen Leben und im eigenen Schicksal.

»Wir möchten nicht stören. Jeder hat doch sein eigenes Leben, und das sollte berücksichtigt werden.«

»Aber nein, wir haben gerade festgestellt, daß der Weg des Menschen durch seine eigene Welt ihn zu dieser Türe führt, die ihm dann die Anwesenheit von Welten außerhalb seiner eigenen zeigt. Das bedeutet auch, daß es für den Menschen selbst nicht nur dieses irdische Leben gibt, sondern daß wir nach dem Weg durch dieses Leben die Türe zu weiteren Leben finden. Die ›vielen Menschen‹ außerhalb unseres Hauses entsprechen also unseren ›vielen Leben‹ außerhalb dieser Welt, die wir gemeinhin für die einzige zu halten geneigt sind. Dank Gott führt uns das Kamel durch unsere Welt bis hin zur Türe. Und ich glaube, dann wollen wir sie wohl auch öffnen. Folgt denn nicht auf den dritten Buchstaben, *gimel*, der Buchstabe *daleth* als vierter? Und *daleth* bedeutet ja Tür. Wie doch die Zeichen unserer Worte schon ihre eigene Geschichte haben, die wiederum die Geschichte der Welt ist und das Grundmuster der Geschichte eines jeden Menschen«, sagte Gamliel, indem er die neu Eingetretenen einlud, am Tisch Platz zu nehmen.

»Ja«, fuhr jetzt Dan weiter, »für mich ist diese Tür entscheidend wichtig. Sie ermöglicht erst die Beantwortung vieler Fragen, die nicht möglich wäre, wenn man nichts von der Anwesenheit einer Tür wüßte. Sogar wenn die Tür geschlossen bleibt – man weiß, daß es sie gibt. Und das allein ist schon der Anfang einer Möglichkeit zur Antwort. Der Sinn unseres Daseins kann uns nur bei offener Tür erfreuen, und der Sinn der ganzen Welt kündet sich dann wohl auch an.«

»Gewiß«, meinte David, »da zeigt sich uns eine neue Dimension unseres Lebens; nämlich die Dimension von Glauben, von Liebe, von Hoffnung.

Im Namen David steckt das Wort »Geliebter«. Im Hebräischen schreibt man nämlich das Wort »Geliebter« genau gleich wie den Namen David, *Daleth-Waw-Daleth.*

Innen im Hause finden wir immer nur uns selbst, könnten wir meinen, alles sei bereits bekannt oder könnte jedenfalls errechnet werden. Man wird deshalb sogar ablehnend neuen, anderen Erfahrungen gegenüber. Es entstehen diese langweiligen und gelangweilten Besserwisser. Sie zeigen nur ihre Beschränktheit, eben das Fehlen einer Verbindung mit dem Außerhalb des Hauses. Diese Leute haben kein *Gimel.* Aber wenn die Tür da ist und geöffnet werden kann, dann erst gibt es die Beziehung zum Anderen. Dann erst erwächst das, was Liebe genannt wird. Das Abenteuer mit dem Unbekannten, das Wagnis. Es setzt den Glauben voraus, und man erfährt den Reiz des Hoffens. Liebe hebt jede Langeweile auf, die Welt steht offen, und alles ist möglich. Man schaut in die Welt hinaus und kann sie einlassen. Man ist offen für die Möglichkeit des Überraschens und Überrascht-Werdens. Was nützt einem irgendwelche Sicherheit, wenn ein unbekanntes Draußen, ein beängstigendes Jenseits dauernd drängt und droht? Und man kann das Dasein eines solchen ›anderen‹ nicht einfach abstellen; es gehört zum Menschen, zu seiner Eigenheit. Zeigt nicht der Weg des Menschen nach *Beth* das Zeichen *Gimel* und nach *Gimel* das Zeichen *Daleth?* Der Ängstliche fürchtet sich vor Gästen von außen, und wenn es ihm passiert, daß doch einer hereingefunden hat, fängt er an, ihn nach den Maßstäben seines geschlossenen Hauses zu ›messen‹, um dann festzustellen, daß der Maßstab auf ihn nicht passe. Er behandelt ihn dann einfach als nicht vorhanden. Für ihn ist dieser Gast tot. Und im Hinblick auf sich selbst tötet er ihn ja auch, weil er eben jede Beziehung zu ihm verweigert und keine Gastfreundschaft kennt. Aber solche Gastfreundschaft ist es doch, die dem Abraham die Überzeugung des ewigen Lebens gab und deren Fehlen Sodom zum Untergang bestimmte.«

Der Erzählende bezieht sich hier auf die Geschichte im 1. Buch Mose, Kap. 18 und 19 und auf die vielen Überlieferungen zu dieser Geschichte. Weil Abraham die Türen seines Hauses nach allen Seiten offen ließ, Gäste, die an seinem Haus vorbeizogen, einlud und bewirtete, wurde ihm offenbar, daß Menschen, die er hereinrief, Engel waren und daß sogar Gott mit ihnen und durch sie zu ihm sprach. So wurde ihm auch das Unglaubhafte zur Wahrheit, daß er nämlich einen Sohn – Frucht seiner Begegnung mit der Welt, mit seiner Frau – erhalten werde, und im gleichen Moment wurde ihm klar, daß dieser ewig Leben besitzen würde, daß also sein eigenes Leben und alles, was er erlebte, unvergänglich und frisch bleiben würde. Sodom aber, das Gäste fürchtete, die Türen schloß und dennoch eingedrungene Gäste grausam tötete, indem es sie an den Maßstab der Lebensart Sodoms anzupassen versuchte, geht unter. »Abraham« als der offene Mensch, »Sodom« als der Mensch, der alles von ihm Nicht-Berechenbare ablehnt: das sind zugleich zwei Seiten in jedem Menschen.

»Dann wäre aber mit dem Öffnen der Tür die Gefahr der Versuchung durch die Wesen des Abgrundes entkräftet«, meinte jetzt Dow, ein gescheiter, kräftiger Mann im Alter der Erfahrenen.

Dow bedeutet Bär. Im jüdischen Brauch werden Tiernamen häufig mit Menschen verbunden. So z.B. nennt man Benjamin oft in Verbindung mit dem Wolf (nach 1. Mose, 49,27), Jehuda mit dem Löwen (1 Mose, 49,9), Efraim mit den Fischen (1. Mose 48, 16). Der Name Bär kommt in der Thora selbst nicht in diesem Sinne, mit einem Namen verbunden, vor; es ist aber ein aus kabbalistischem Wissen entstandener Brauch, »Bär« dem Namen Moses zuzufügen. Der Bär wird – wie auch der Löwe – als Kraft der Welt, ihr eingeschaffen vom Jenseits her, gesehen. Dem Bären wird die Unruhe, das Suchen mit seinem Hin und Her, zugeschrieben. Und diese Kraft wird auch im Menschen erkannt. (Siehe u.a. Amos 5, 19.) Tiere sind nicht nur außerhalb des Menschen da, sie sind auch im Menschen erkennbar, sie sind Teil der einen Schöpfung, die unter dem Zielbild des Menschen steht, den Gott über die Gesamtheit der Schöpfung herausführt bis zum auferstandenen, neuen, erlösten Menschen.

»Sagt man nicht auch, wenn sich jemandem eine Schlange zeigt, sei es im Traume oder im wachen Tagleben, daß dieser dann aus seinem Haus oder von seinem Ort wegziehen werde? Die Schlange, die in dem aus der Tiefe aufsteigenden Teil des Zeichens *Gimel* sich zeigt, verschwindet, weil der Mensch jetzt die Türe gefunden hat. Er kann anderswohin, er ist nicht mehr durch die Beschränkung auf seine ihm bekannte Welt, der Gefahr der Versuchung durch das allzu Konkrete ausgesetzt. Wenn die Tür gefunden, das Zeichen *Daleth* erreicht ist, verschwindet dieser dicke Balken, der so störend aus dem Abgrund hervorschaut. Wohl scheint der Weg jetzt an der Tür vorläufig zu Ende zu sein – immerhin kann man auch woandershin und Gäste von überallher empfangen –, und die Welt, der Mensch, muß sich jetzt erheblich erleichtert fühlen. Jetzt ruft die Ausdehnung oben nicht eine Ausdehnung unten hervor; jetzt, durch die Türe, steht der Mensch einfach für die obere Dimension, die Ausdehnung oben, offen. Und er erhält, wie Abraham, die Botschaft von dorther. In den Gästen werden jetzt Engel, sogar der *Herr* selbst, erfahrbar. Ist das nicht das Geheimnis der Form des Zeichens *Daleth?*

Der Buchstabe *Daleth* zeigt die Ausdehnung oben, die dem Menschen den Überfluß aus den Welten außerhalb schenkt.

Der Mensch auf seinem Weg in seiner eigenen Welt steht diesem Überfluß noch gegenüber. Er lebt noch nicht aus dieser Fülle, erfährt sie aber schon, läßt sie gelten, vernimmt die Botschaft dieser Welten, staunt, fühlt sich bereichert. Und vor allem: die Macht der Unterwelten ist verschwunden, die Schlange verkörpert nicht mehr die Gefahr wie in der Welt das Zeichen *Gimel*, wo der Weg noch nicht die Tür, *Daleth*, erreicht hat und es darum noch nicht erlebt werden kann, ob die Türe nun geöffnet wird oder nicht. Die Form ist deshalb:

Es ist also die von oben dargebotene Fülle, zugänglich der menschlichen Offenständigkeit; und dann der Mensch, der sich von unten, als Gegenüber, dieser Fülle nähert, sie nicht ganz erreicht, also sich dem *Tropfen* von oben noch nicht verbinden kann. Bereits gegenüberstehend – aber dadurch auch noch getrennt.

Es ist zugleich das Geheimnis der Gastfreundschaft und damit das der Offenständigkeit. Man läßt zu, man kann schenken, man kann hingeben.«

»Damit wäre der Weg (durch dieses ›Haus‹) an seinem Ende angelangt – so scheint es jedenfalls. Die Türe kann geöffnet werden oder nicht, je nachdem, wie der Mensch von seiner Freiheit Gebrauch macht. Ist damit aber der Sinn der Welt erfüllt?« So fragte Daniel, und er schaute, ohne etwas anzuschauen.

Daniel bedeutet »Gott ist mein Richter« – Ausdruck des Empfindens, daß alles in der Welt schon seine Ordnung und Richtigkeit *haben wird*. Der starke, zerreißende Löwe kann einem dann nichts anhaben. Des Menschen Ganzheit ist unverletzlich, wenn er auf diesen Richter vertraut. (Man denke an Daniel in der Löwengrube, im Buche Daniel, Kap. 6.)

»Ich glaube, die Frage wäre, wo denn die Liebe bleibt, die Antwort des Menschen auf die Frage der Schöpfung. Denn wozu ruft Gott die Welt aus dem Nichts, und wozu jenes Rufen, das sich so mühsam in den Zeichen und in ihren Formen darstellt, schweigend, sich darbietend? Nur damit der Mensch dieses ›Innen‹ und dieses ›Außen‹ erlebe? Was ist mit seinem ›Gott gleichen‹? Wo liebt der Mensch, wo gibt er sich hin? Ich möchte mich hingeben, ich möchte mich ausstreichen lassen, wenn ich einem anderen damit Freude schenken könnte. Wenn schon ich das möchte, um wieviel mehr will Gott das. Nein, der Weg geht weiter. Die Geschichte der Buchstaben erzählt uns, daß es weitergeht. Jetzt wird es erst richtig spannend, würde ich sagen. Kommt, Freunde, laßt uns jetzt die Fenster öffnen.«

HE – FENSTER – DIE FÜNF

Die Jüngeren standen auf und öffneten die Fensterläden. Licht strömte in den Raum herein.
»Wie gut, dieses Licht. Jetzt erst bemerken wir, daß es eigentlich dunkel war im Raume. Wie spärlich erleuchtete das Licht drinnen unser Zimmer. Wie weit und schön ist die Welt, die nun durch die Fenster hereinblickt. Gewiß, die Türe ist schon sehr wichtig, wir sehen aber, daß das Licht – falls wir Fenster haben – auch von außen hereinstrahlt. Und wir können hinausschauen, und man kann uns erblicken. Still, ohne Bewegung, bescheiden. Ein Haus ohne Fenster ist gar kein Haus. Es wäre wie ein Mensch ohne Augen.«
Der strahlende, sanfte Hillel hatte gesprochen, und allen tat es gut, wie das Sonnenlicht jetzt leuchtend und erwärmend hereinflutete. (Hillel bedeutet »Lob«. Der Hillel der Überlieferung gilt als ein überaus sanfter, bescheidener Mensch.)
»Das Haus *hat* Fenster, die Welt läßt Botschaften von außen ein. Sie ist gar nicht so verschlossen, so abweisend. Sobald wir durch das Öffnen der Tür die Möglichkeit des Hinaustretens und des Hereinlassens gewahr werden, entdecken wir, daß unser Haus, unsere Welt schon seit jeher dieses Fenster hat, daß die Helligkeit drinnen die Quelle in einem Lichte draußen und die Herzenswärme unter Menschen ihre Wurzeln in einer größeren Liebe hat. Die Farben der Welt in ihren vielen Tönungen und Abschattungen drängen uns, das Jenseits dieser Farben zu

ergründen, wie eine schöne Frau den Mann erweckt, damit er das Geheimnis ihrer Schönheit im Jenseits ergründe und damit die Beziehung zu ihr verewige. Die Harmonie, die Schönheit dieser Welt ist ein Lied; aber erst das Erspüren der Beziehung dieser Welt zu einer anderen, zu einem befruchtenden Jenseits, bringt das ›Lied der Lieder‹, (das ›Hohe Lied‹ der Bibel). Die Entdeckung, wie ›schön‹ die Vereinsamung der Liebenden ist im Erfahren des jenseitigen Grundes dieser Vereinsamung. Dort wartet der ›Mann‹, auch er einsam, und der Sinn der Liebe, der Sinn des Seins, erblüht. Es strebt jetzt die Welt empor zu dieser Fülle des Himmels, wie eine Frau, die erkennt, daß sie geliebt wird, zu ihrem Gegenüber hinstrebt. Dieses fünfte Zeichen, das *He*, stellt die Vollendung der Welt dar, es erzählt von der erwartungsvoll sich hingebenden Welt, erwartungsvoll wie die Geliebte des Hohen Liedes, erkannt von ihrem Geliebten. Und das ist die Vollendung, denn jetzt ist die Frucht der Liebe das immerwährende Dasein.«

Das Zeichen *He* zeigt dieses Hinanstreben der Welt unten hinauf zu der himmlischen Fülle, die schon den Menschen hervorbrachte, den Menschen, wie er zunächst allein dasteht, ohne menschliches Gegenüber. Dann nimmt Gott eine Seite des Menschen – das Wort, das in den Bibel-Übersetzungen oft mit Rippe übersetzt wird, heißt eigentlich Seite, Aspekt – stellt sie ihm gegenüber, der Mensch erkennt die Frau, und die Frau erkennt den Mann. Zusammen stehen sie jetzt dem Himmel, dem Jenseits gegenüber.

Man liest diesen Buchstaben *He* dann auch als den Buchstaben *Daleth* ד↓, wo der Mensch, Mann und Frau in einem, vom Himmel heruntergebracht wird, dann aber als weiblicher Mensch den Himmel erfährt, so wie die Frau jetzt den Mann erfährt, so daß der in Mann und Frau geteilte Mensch jetzt den Weg hinauf sucht.

Die Geliebte im Hohen Lied heißt Sulamith, und der Geliebte heißt Salomo, und das bedeutet eben nichts anderes als »die Vollkommene« (im Sinn auch von »vollständig«) und »der Vollkommene«. Mit *He* ist dieses Vollkommen-werden-Können erreicht. Die beiden Seiten suchen einander.

Betroffene Stille herrschte. Ein neuer Atem ging durch den Raum. Liebe – und zugleich Geheimnis.

»Höret weiter, Freunde«, fuhr jetzt Hillel fort, »und schaut, haltet jetzt eure Augen offen! Seht ihr, wie das Aufstrebende *He* keine völlige Verbindung zum reichen, weiten Oberen zeigt? Wie ein Stückchen, ein kleines Stückchen der Verbindung, verborgen bleibt? Das ist das Geheimnis der Keuschheit, und *das* eigentlich ist das Fenster. Die anderen Welten könnten doch gar nicht hereinleuchten, wenn da nicht diese kleine Unterbrechung im Zeichen wäre; man könnte auch nicht zu den anderen Welten hinausblicken, wenn die Verbindung hier schon vollständig sichtbar geworden wäre. Das ist der Grund, weshalb durch das Essen von der Frucht vom Baume der Erkenntnis die Scham kam um die Nacktheit, und durch diese Scham das Geschenk der Keuschheit. Darum zeigt sich die ›schlußendliche‹ Verbindung der Geliebten nicht. Und gerade dieses offenbleibende Stück ist jetzt das Fenster des Hauses, und damit bringt die Liebe die Vollkommenheit. Jetzt lobt die Welt Gott.«

Der Buchstabe *He* ist durch dieses kleine, offene Stück links oben gekennzeichnet. Der Hinweis Hillels auf diese offene Stelle und seine Deutung, daß mit ihr es zusammenhängt, wenn die Welt jetzt Gott lobt, ist eine aus der Überlieferung bekannte Deutung. Denn durch diese irdische und damit auch menschliche Keuschheit, diese Zurückhaltung, diese Bescheidenheit, diesen Sinn für Scham in jeder Hinsicht, wird erst Gottes Lob möglich. Das Wort *Hallel*, mit *He* geschrieben, bedeutet Lob. Es ist Ausgangspunkt des Wortes *Hallelujah*, was übersetzt heißt: »lobt den Herrn«. Hallelu ist »lobt«, und »jah« ist »der Herr«. Wenn aber dieses Fenster im Hause nicht ausgespart bliebe, wenn die Verbindung zwischen unten und oben ganz gezeigt würde, dann wäre ein anderer Buchstabe entstanden, nämlich *Cheth*, und dann stände statt *hallel* das Wort *challel* da. *Challel* bedeutet aber »entweihen«. Man weist deshalb darauf hin, wie winzig in der Sprache, im Wort also, der Unterschied zwischen »loben« und »entweihen« ist. Eben dieses kleine Fensterchen. Das ist dann auch die große Bedeutung der Keuschheit, der Scham. Das Letzte sei eben verborgen. Das offene Zeigen der Verbindung führt zur Entweihung. Es geht nicht nur um das freche Zeigen der Scham, sondern auch um das sogenannte Immer-offen-die-Wahrheit-Sagen, das Aussprechen aller Worte »mit ihrem sichtbaren Namen«, das Benennen aller Krankheiten und Gefühle, der Zwang, alles zeigen zu wollen und zeigen zu müssen, obwohl der Mensch in seinem Tiefsten sich eigentlich davor schämt. Man nennt deshalb im jüdischen Brauch das männliche Glied »Zeichen des heiligen Bundes« und die weibliche Scham »Quelle«. Denn sie ist das Geheimnis der Urquelle des Lebens. Lob Gottes und dieses Verborgene hängen also sehr, sehr eng zusammen. Die Anerkennung eines Geheimnisses – des Lebens, der Materie, ja jeder Erscheinung – ist schon identisch mit dem Lob des Herrn.

Hillel schwieg jetzt, und man spürte die Bedeutung seines Namens. Man verstand auch, warum er »der Sanfte« genannt wurde. Sanftmut bedeutet doch auch Respekt vor dem Geheimnis des Menschen, den man deshalb nicht beurteilt nach dem, was in seiner Erscheinung und in seinem Verhalten sichtbar wird. Dieser Respekt läßt dem Menschen und der Welt ihr Geheimnis. Hillel schaute deshalb den anderen nicht direkt in die Augen – als ob er sich selber schämte und auch ihre Scheu für selbstverständlich nähme.

WAW – HAKEN – DIE SECHS

Jetzt mischte ich mich ins Gespräch. Ich meinte, jetzt mein Schweigen brechen zu dürfen.

»Jetzt, wo mit *He* die Vollkommenheit erreicht ist, wo die Menschenform reif ist, sucht sie ihr Ebenbild im Himmel, so wie das Himmlische sich sehnt, den irdischen Menschen in seiner Vollkommenheit zu erkennen. (Das alte Hieroglyphenzeichen für *He* ist die Gestalt des Menschen). Aus dieser Sehnsucht von unten nach oben und von oben nach unten entsteht jetzt die Verbindung. Die Beziehung schlägt die Brücke zwischen Erde und Himmel. Heißt nicht deshalb das Zeichen, das uns jetzt auf unserem Weg durch das Leben, dem Weg durch die Paläste, durch die himmlischen Hallen begegnet, *Waw? Waw* bedeutet doch Haken, Verbindungshaken, etwas, das zwei getrennte Dinge zusammenbringt. Ist *Waw* nicht auch deshalb das Wort ›und‹, womit wir Sätze zusammenfügen, Inhalte miteinander verbinden? Jetzt ist der Mensch in seiner Sehnsucht, als Mann und Frau zusammen, mit dem Oberen verbunden.

Das Zeichen *Waw* zeigt eben jetzt jene Verbindung, die im dritten Buchstaben, im *Gimel*, schon da ist, dort aber beunruhigt und gestört wird durch die aus der Unterwelt heranzüngelnde Schlange. Jetzt ist diese verschwunden. Der Mensch, wie Gott ihn will, ist rein, er hat der Versuchung widerstanden, er hat keine Sünde. Deshalb ist er der Verbinder zwischen Himmel und Erde, er ist das Zeichen des Bundes.

Ein Zeichen für jeden Bund. *Waw* ist also die direkte Verbindung von oben und unten.

Jetzt ist der Sinn seines Weges klar und ersichtlich. Es ist der auferstandene Mensch, der Mensch der Schöpfung, so wie Gott ihn will, so wie Gott ihn anzieht, zu sich zieht.

Das Wort »wollen« und das Wort für »laufen« – also zu einem Ziel hingezogen werden – haben im Hebräischen den gleichen Stamm: r-z. Dort, wo im Hohen Lied die Frau, die Sulamith, sich an den Mann, den König, wendet mit den Worten (Hohes Lied, Kap. 1,4): »Ziehe mich dir nach, und wir werden laufen (eilen)« sieht man die Urquelle jeder menschlichen Beziehung.

Und dieser Buchstabe *Waw* steht doch im großen, geheimen, verborgenen Namen des Herrn als Verbindung zwischen den beiden *He*, dem *He* von unten dem *He* von oben.

Der Name Gottes, wie er sich im Tetragramm ausdrückt, ist ein unaussprechbarer Name. Er enthält als Stamm den Begriff des Seins, *howe*, und ist das Sein in allen Möglichkeiten, also auch im Vergangenen, im Jetzt und im Künftigen. In der Ich-Form ist es das »ich war, ich bin und ich werde sein«. Dieser Stamm des Seins, *howe*, schreibt sich *he-waw-he*, also *waw* als Verbindung zwischen beiden he. Das Tetragramm wird als *jod-he-waw-he* geschrieben. Ausgesprochen wird es nicht, und nur umschrieben als »Herr«, *adonai*.

Bedenket, *dort* steht der Mensch. *Er* verbindet Himmel und Erde, *er* verbindet damit alles, was als Gegensatz erscheint, er kann Leben und Tod verbinden. Wie gewaltig ist sein Geheimnis! Dort liegt der Sinn seines Lebens. Er verbindet das Kleinste, Winzigste, das Wertloseste des Alltages mit dem größten Fürsten der Heerscharen. Der Mensch ist wichtig, weil alles ihn braucht auf dem Weg zur Einheit. Er bringt die Scherben der zertrümmerten Gefäße zusammen, er hält das Haus Gottes zusammen.

Die Umhüllung der Wohnung Gottes, wie sie im 2. Buch Mose 26,6 beschrieben wird, wird durch diese Haken, die *wawim* (Mehrzahl von *waw*) zusammengefügt und zur Einheit gebracht. Diese Haken sind 50, und sie sind aus Gold. Bedenket, wie wach uns das machen kann, wie unendlich dieses Leben des Menschen ist. Verzeiht, ich mußte einfach sprechen; es gibt doch keinen andern, um das zu sagen. Das kann jeder nur selbst sagen.«

Alle Teilnehmer dieser Tischrunde bringen schon mit ihrem Namen den Buchstaben zur Sprache, durch den ihr Name bestimmt wird, womit er erscheint. Es ist der Anfangsbuchstabe des Namens. Für das Zeichen *Waw* gibt es aber keine Namen, die mit diesem Buchstaben anfangen. Man sagt deshalb, daß jeder Mensch sich selber, wie immer er auch heißen möge, seinem intimen »Ich« nach, auch als *Waw*, als Verbindung, als »und« betrachten könne. Dann erfahre er erst die Freude des Lebens.

Man nickte mir verständnisvoll zu, und ich wußte, jeder der Anwesenden hätte es an meiner Stelle genauso gesagt.

SAJIN – WAFFE – DIE SIEBEN

Seëw, der mich, schon während ich sprach, lächelnd ermutigend und auch belustigt angeschaut hatte, ergriff jetzt das Wort.

Seëw bedeutet Wolf, und »Wolf« ist dem Benjamin zugeordnet. Der Name Seëw kommt aber auch selbständig vor. Man könnte sagen, daß *Waw* auch den Namen Wolf hervorgebracht hätte, wenn Wolf ein hebräisches Wort wäre. Inzwischen ist der Name Wolf tatsächlich ins Jiddische übergegangen, und es ist durchaus üblich geworden, den Namen Wolf als jüdischen Vornamen zu benutzen.

»Das Zeichen *Waw* verbindet nicht nur *He* von oben mit *He* von unten; es verbindet auch die fünf ersten Buchstaben mit den 16 folgenden. Man könnte sagen, die fünf ersten Zeichen seien die obere Fünf (He ist ja als Zahl 5) und die 16 nachkommenden Buchstaben seien die untere Fünf. Es sind die vielen, die jetzt ihre Einheit untereinander finden werden. Man sagt auch, der Wolf – im Sinne des Segens über Benjamin – sei derjenige, der das Korban auf dem Altar zerreißt.

Der Altar steht, wie das Haus Gottes, auf dem Gebiet Benjamins. Ein Streifen von fünf Ellen, ausgehend vom südlich gelegenen Gebiet Jehudas, geht durch das Benjamin-Land und durch das Tempelgebiet bis zur Ecke des Altars, wo die Opfer dargebracht werden. Das hebräische Wort für Opfer, *Korban*, bedeutet »näher bringen« oder »näher kommen«, also ein »Sich-Nähern«. Und so ist der Tempel denn auch der Weg des Menschen durch die Zeit seines Lebens. Die Opfergabe – seine im Zeit-räumlichen erscheinende Existenz – durchzieht im Tempel drei Vorhöfe, wie drei aufeinanderfolgende Lebens-Ebenen. Im dritten Vorhof wird der Kreis, worin die zeit-räumliche Existenz sich gefangen erfährt, durchschnitten. Im Bild der jenseitigen Welt, in der dieser Tempel ewig gegenwärtig ist (gegenwärtig wie der Garten Eden, aus dem der Mensch fortgeschickt wird, um seinen Weg in der Welt zu gehen), wird dem Tiere – Bild im Jenseits der irdischen Existenz des Menschen – der Blutkreislauf durchschnitten. Dieser Blutkreislauf drückt einerseits die Möglichkeit des irdischen Lebens aus, bedeutet andererseits, daß das Blut – also das Gott-»Gleichen« des Menschen – im Kreislauf gefangen ist und im Durchschneiden dieses Kreislaufes frei wird. Das Blut wird dann bei gewissen »Opfern« in das Haus Gottes selber hineingetragen und dort sogar bis ins Heilige des Heiligen, jenseits des Vorhanges, vor Gottes Angesicht gebracht. Dort ist der Mensch ganz und vollkommen im Bilde und im Gleichnis Gottes. Der Körper des Tieres (des Menschen Erscheinung) wird in gewissen Fällen auf dem Altar dem Feuer hingegeben. Dieses Feuer hat seinen Ursprung im Himmel, also im Jenseits, das dem Zeit-Räumlichen gegenübersteht. Das Im-Feuer-Verbrennen ist dort der gleiche Prozeß wie das Leben in der Zeit. Die Zeit verbrennt doch auch die körperliche Existenz. Der Duft des Verbrennens in der Zeit, wie in dieser Flamme auf dem Altar, ist der von Gott genannte »angenehme Duft«, manchmal auch mit »lieblicher Geruch« übersetzt. Im Hebräischen heißt es *reach nichoach.* Das ist der Sinn des Lebens in der Zeit, von Gottes Sicht aus. Das Zerstückeln des Opfertieres (3. Mose, 1. Kap. und für den »angenehmen Duft« u. a. Kap. 1, Vers 9) auf dem Altar ist das Schaffen der Vielheit, die ihre Einheit erst wiedererhält im Leben der Zeit und damit für Gott zum »lieblichen Duft« wird. Benjamin, der Wolf, ist der Verteiler dieser Vielheit. Wie durch Benjamin doch auch der Abstieg der Kinder Israels nach Ägypten stattfindet. (Siehe 1. Mose, Kap. 42, 43 und 44.)

Eine große Aufgabe für den Wolf! Wie alles doch seinen Sinn und seine Bedeutung hat.«

»Ja, es zerreißt jetzt, in der unteren Fünf, auch die Verbindung zwischen oben und unten«, sagte Serach (Serach bedeutet »scheinen, leuchten«. Siehe 1. Mose 38,30 zu dieser Namengebung), denn jetzt kommt die große Entscheidung. Wird der Mensch das, worauf es ankommt, die Macht der Liebe, erkennen, und wird er spüren, daß das Glück für ihn gleichbedeutend ist mit Liebe schenken und Liebe erfahren? Daß nichts hier getan werden kann zur Erbauung der Welt, als sich offen und bereit zu machen für Liebe. Diese gewaltige Welt nämlich, eine Frucht der Liebe, weckt den Neid der Gegenseite, der Seite der Konstruktionen. Dieser Neid bringt den Menschen zur Überzeugung, eigentlich könnte er es auch selber machen, wenn er nur Zeit und Gelegenheit dazu hätte. Er glaubt, wenn er es intellektuell durchschaue, dann könnte er es, wenigstens theoretisch, auch machen. Das ist der Rausch des rein intellektuellen Forschers, das Gift der Schlange. Deshalb wird dem Menschen die unmittelbar kausale Beziehung zwischen Himmel und Erde genommen. Der Himmel mit dem »Tropfen«, als seiner Erscheinung hier, ist zwar da, der Mensch aber hat seine direkte Verbindung dorthin verloren. Sie stehen sich gegenüber. Das ist nicht mehr die Fülle von oben, wie beim Zeichen *Daleth*, dem vierten Buchstaben. Hier ist jetzt keine Fülle, sondern der Tropfen von oben wartet darauf, was der Mensch jetzt tun wird. Der Tropfen allein. Wie ein gerade geborenes Kind. Es bietet noch nichts, es bringt nur die Botschaft vom Anderen, eine Botschaft, die sowohl Erstaunen als auch Ärger hervorrufen kann. Wird man etwas so Kleines lieben können, das eigentlich materiell, also auf der Seite der Konstruktion, nichts zu bieten hat. Es ist die große, bewegende Frage des Lebens überhaupt.«

»Ist das denn nicht auch die Form des siebten Zeichens, in dem sich der Ruf vom Jenseits her nur gleichsam in einer Grundäußerung der Form kundtut?«

Es ist Secharja, der diese Worte sprach, und der die Form jetzt mit seinen Händen in der Luft nachbildete. (Secharja bedeutet »Der Herr gedenkt«, oder »das Gedenken des Herrn«.)

Die Form des siebten Buchstabens, *Sajin*, ist wie folgt:

Vom *Waw*, das noch die direkte Verbindung zeigte ו, ist die Verbindung jetzt durch Verschieben, durch einen Riß, unterbrochen. Das *Jod*, das Zeichen des Tropfens, steht jetzt getrennt von dem Unteren, das sich mit ihm wieder vereinen möchte – oder vielleicht auch nicht vereinen möchte, weil es die Trennung als richtig empfindet und ihr Dauer zu geben strebt.

»Man nennt dieses Zeichen *Sajin*, und das bedeutet eigentlich ›Waffe‹. Ist es denn nicht auch wie ein Kampf? Ein Ringen von Liebenden oder eben ein Ringen der sich Hassenden. Denn mit der Liebe wird auch die Gegenmöglichkeit, der Haß, in die Welt hinein beschworen. Wenn die Allmacht Liebe schenkt, öffnet sie auch dem möglichen Haß die Tore. Sonst wäre Liebe etwas mechanisch Zwangsläufiges. Der Neid lauert immer und weckt die Sucht zu konstruieren und Gottes Schöpfung als ›machbare Welt‹ – vom Menschen zu machende – zu betrachten und zu behandeln. Dieser Kampf mit der Waffe *Sajin* ist der Krieg Gottes. Und an der anderen Seite stehen die Kriege der Menschen. Das siebte Zeichen zeichnet den 7. Tag der Schöpfung, es ist der Tag unseres fortwährenden ›Jetzt‹.

Die sechs Tage der Schöpfung sind in unserem Bewußtsein das Vergangene. Der 7. Tag ist das Jetzt. Somit ist der 8. Tag, und was noch weiter kommen könnte, das Zukünftige. Im Menschen ist das Vergangene wie auch das Kommende sozusagen ›mit eingebaut‹. Das Jetzt berührt immer zugleich alle beide und ist insofern für uns ›unendlich‹. Die in der Bibel erzählte Geschichte ist Mitteilung im Ausdruck im Zeit-Räumlichen, in der Form dieses permanenten ›Jetzt‹, und somit auch die Mitteilung für den 7. Tag: ›Tag‹ als Ganzheit einer Welt, einer Wirklichkeit gesehen. Man kann die Bibel aber nicht lesen und verstehen, wenn nicht auch mit einer

Realität des Vergangenen und des Kommenden in anderen Formen gerechnet werden kann, als sie sich uns in der Zeiträumlichkeit des 7. Tages darstellen. Diese andere Realität ist mit der unseren nicht kausal verbunden; man kann sie deshalb nur im eigenen Verhalten und Schicksal selber entdecken – oder auch nicht entdecken.

Es ist auch unser Weg durch die Wüste. Gott kämpft gegen die Götter von Ägypten. (Siehe 2. Mose, Kap. 12, Vers 12.) Und wir ringen auf dem Weg, hin und her geworfen in Zweifel, in Hingabe, in Glauben und Unglauben. Es kommt aber der Moment, da uns der Weg in die Welt jener unglaublichen Realitäten führt, welche unsere Träume uns während des Weges fortwährend träumen ließen. Bei Nacht wie bei Tag. Wir glauben nicht, daß es je so sein könnte. Und sind doch sicher, daß es so kommt. Das ist auch der Ringkampf in unserem eigenen Leben.«

»Ja, daß es ein Weg ist, zeigen doch auch schon die Zeichen, die wohl nicht von uns stammen, die aber doch von Menschen geträumt wurden. Ich denke an diesen Weg des ewigen Jetzt, der sich für uns als ›Zeit‹ darstellt. Sie fließt ewig. Es ist dieser Fluß, der aus Eden hervorkommt. Der Fluß, der dem Adam auch Reinigung bringt, nachdem er das Paradies verlassen mußte.

Nach der Überlieferung steigt Adam in den Gichon, den zweiten der vier Flüsse, der sich aus dem Eden entspringenden Strom speist. Die jüdische Überlieferung kennt die Reinigung nach einer Verunreinigung durch das Untertauchen in die *Mikwa*, und diese wird als ›Wasser aus Eden‹ betrachtet. Eine *Mikwa* ist eine nach gewissen Regeln zustande gekommene Wasseransammlung in einem Becken. Der Name *Mikwa*, wie diese Ansammlung in Gen. 1,10 genannt wird, ist sprachlich mit dem Begriff ›Hoffnung‹ verbunden. Da Unreinheit eigentlich ›Berührung mit dem Tod‹ bedeutet, entspricht das Untertauchen in eine *Mikwa* dem Untertauchen in die Quelle der Hoffnung. Die ›Wasser aus Eden‹ sind die Hoffnung für den Menschen, der auf seinem Weg durch das Leben mit dem Tod eines Lebewesens konfrontiert wird.

Der Mensch in der Zeit steht in diesem Fluß, der Adam bis zum Kopf umspült. Das Wasser strömt an ihm vorbei. Die Zeit zieht an dem Menschen vorbei. Die Zeit ist wie das Becken mit Wasser, wie die *Mikwa*, sie bringt Hoffnung. Und in diesem Becken ist – wie das Wort sagt – die Zeit eingesammelt: also Vergangenheit, Gegenwart und Zukunft. *Das* genau ist Hoffnung. Und so zeichnen alte Hieroglyphen den Weg des Menschen wie ein Schiff im Wasser. Für sie hat dieses 7. Zeichen die Form eines Schiffes.

Dieses Zeichen  , also ein Schiff mit einem Ruder, wurde über das Griechische zum Z. Ähnlich ist aus der Hieroglyphenschrift jener Welt das Zeichen A entstanden aus dem ›Haupt des Stieres‹ mit den Hörnern, nämlich  . Und das Zeichen M ist aus der Hieroglyphe für Wasser  entstanden. Dieses M, hebräisch Mem, das ›Wasser‹ bedeutet, wird weiter unten als Zeichen für 40 noch besprochen.

Wie ein Schiff im Wasser – so erlebt der Mensch sich in der Zeit, findet er sich in der Zeit vor. Und das ist doch auch der Weg des Menschen, wie er ihn lebensmäßig erfährt. Das nämlich ist der Weg aus Ägypten nach Kanaan; und das heißt zugleich: der Weg aus einer Welt in die andere. Die Schiffe fahren aus und führen den Menschen von Land zu Land.«

Sebulun, der dies sagte, lächelte dabei, und auch die anderen lächelten. Ist nicht gerade im Segen Jakobs über seine Söhne bei Sebulun von den Schiffen die Rede?

Jetzt kam es ihnen tatsächlich so vor, als ob das *Sajin* den Menschen hinüberführte in eine neue Welt. Oder ist der Weg des Menschen erst das, was jetzt kommt, und bildete Sajin, der 7. Buchstabe, erst den Beginn? Ist nicht der weitere Weg der Buchstaben identisch mit der Erzählung vom Leben des Menschen und vom Leben der Welt? Vielleicht prägen sich andere Welten schon im Muster dieses Menschenweges ein, der so als Weg des Lebens erscheint.

III.
ANZEICHEN EINER NEUEN GEBURT

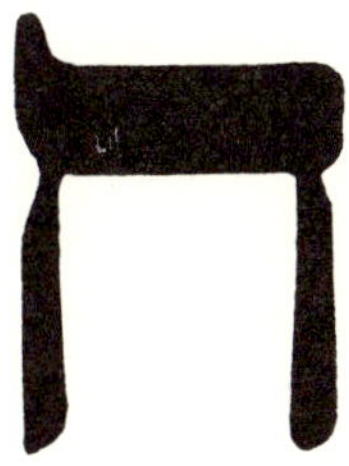

CHET – ZAUN – DIE ACHT

Die Tischordnung wird eine neue. Andere waren eingetreten. Sie setzten sich, und die Unterhaltung war viel lebhafter geworden. Man spürte, jetzt kam das Leben erst so richtig zum Zuge.

»Rede jetzt du, Chajim!« (Chajim, ein oft gebrauchter Name, bedeutet einfach »Leben«.)

Von verschiedenen Seiten wandte man sich an den schönen, helläugigen Chajim. Er fing zu sprechen an. Während seiner Rede wurde er aber immer gedrückter, als ob seine Kräfte schwänden.

»Wohlan, warum soll ich euch nicht vom Geheimnis des Achten erzählen! Das Achte trägt das Siegel des 8. Tages, des großen Tages der anderen, der kommenden Welt. Es ist auch der Tag des Messias, des Gesalbten, trägt doch das Wort Salböl den Begriff ›acht‹ in sich.

> Die Beziehung ›Gesalbter‹ – ›Salböl‹ ist auch in der griechischen Übersetzung von ›Messias‹ noch deutlich: ›Christus‹ – ›Chrisam‹.
>
> (Im Hebräischen hat das Wort ›acht‹ den gleichen Stamm wie das Wort ›Öl‹, nämlich sch-m-n.) Die messianische ist die fette, die himmlische Zeit. (Das hebräische Wort für Himmel, *Schamajim*, hat den gleichen Wert wie das Wort Öl, *schemen*, 390.)

Im Achten ist die Speise für den König, wie Jakob seinen achten Sohn, den Ascher, segnet (1. Buch Mose 49,20). Aber in unserer

Welt hier, für unser Leben jetzt, würde da solch Überfluß nicht auch eine Gefahr, eine Versuchung? Wenn das Leben für uns hier fett wird, reich, sind wir dann nicht gleich bereit, alles andere zu vergessen? Liebe ist ewig, ein *Liebender* könnte seine Geliebte nie vergessen. Doch Fett-Werden auf Erden bringt Übermut, bringt Härte. Man will und muß sich jetzt behaupten und vergißt allzu gerne, daß das Leben einen anderen Sinn haben könnte als solches Genießen im Überfluß. Ja, schon bescheidenes Genießen, aber in Selbstzufriedenheit, wäre fatal. Was ist mit den Menschen, die früher gelebt haben, mit den Tieren, den Pflanzen? Was ist aus unseren Wünschen geworden, die nie erfüllt wurden, den Mißverständnissen, die nie ausgeräumt wurden? Solange es uns gut geht, sind wir allzu leicht bereit, alles andere zu vergessen. Wir machen einfach einen Zaun um unser Wohlbefinden.

Der achte Buchstabe, *Cheth*, bedeutet Zaun. In seiner Form ist das ›Fenster‹ des *He* geschlossen. Man sieht nur sich selbst und seine eigene Welt. Das ה mit dem offenen Fenster wird jetzt zum Cheth mit dem geschlossenen Fenster. Jetzt ist unser Leben eingezäunt. Man läßt nichts mehr herein und will nicht mehr hinaus. Der Wohlstand engt ein, macht egoistisch. Das Zeichen *Cheth* ist:

Wir wollen alles andere einfach nicht sehen. Wir vergessen den Sinn des Ganzen, die Sehnsucht nach Liebe. Vergessen, Liebe zu schenken und Liebe zu empfangen.«

»Wer denkt da nicht an diesen merkwürdigen Ausspruch im Lied des Mose, das Gott ihn singen läßt, nämlich ›da ward Jeschurun fett und schlug aus; du wurdest fett, dick, feist! Und er verließ Gott, der ihn gemacht hatte, und verachtete den Fels seiner Rettung.‹ (5. Mose 32,15). Einerseits sehnen wir uns in unserem Leben nach vollkommener Erfüllung, aber gleichzeitig ist dieser Hang zum Sich-Abkapseln da. Soll man dann etwa nicht um Wohlstand beten, um Gesundheit, um Frieden? Sobald sich aber unsere Gebete erfüllen, stellt sich das Vergessen ein, und wir lassen alles andere im Stich. Schrecklich einfach. Wie soll man anders mit dem Leben zurechtkommen?«

Chanoch, der diese Worte sprach, hatte etwas von jener Verzweiflung an sich, die im Aufschrei der Heerscharen aufgeklungen war: unterlasse es besser, diesen Menschen zu machen. Er wird ja sündigen müssen, wenn er beschenkt wird und es ihm gut geht.

> Der Name Chanoch (»Henoch«) bedeutet unter anderem Einweihung, Eingeweihter. Das geschriebene Wort beginnt mit ch-n, was Gunst, Gnade, bedeutet. Einweihen, zugleich Erneuern, ist also eine Folge der Gnade, der Gunst Gottes.

Jetzt aber brach Chiskia das betretene Schweigen, das auf allen lastete, als ob das Zögern des Vaters im Himmel sich auch hier manifestieren wollte so wie Wellen, wenn ein Stein ins Wasser geworfen wird, sich weiter und weiter fortsetzen – bis hierher, bis zu dieser Tafelrunde.

> Chiskia ist das biblische, hebräische Wort für den Namen, der gemeinhin als Hiskia ausgesprochen wird. Er bedeutet »die Stärke des Herrn«.

»Wir sehen es bei Salomo, dem großen König. Warum nimmt er, der er doch das Haus Gottes entstehen lassen kann, die Tochter des Pharao zur Frau, warum läßt er den Widersacher zur Macht kommen? (Siehe I. Könige, Kapitel 11). Warum nimmt er die vielen Pferde? Alles Dinge, vor denen der König gewarnt worden war (5. Mose 17, Verse 16, 17). Tatsächlich teilt sich das Reich denn auch, der Weg geht weiter, als ob alles wieder von vorne anfinge. Ist das nicht des Menschen Weg, in jedem Leben, bei jedem Menschen? Und doch zeigt sich in diesem König Salomo, dem Sohn Davids, ein großes Geheimnis. Man sagt doch, wir dürften nicht mit unseren (moralischen) Maßstäben über die Gestalten der Bibel urteilen. So sollen wir nicht moralisch wertend sagen, König David habe mit der Bathscheba gesündigt (2. Samuel 11), obwohl die Erzählung der Bibel uns dies nahelegt. Wir sollen eben nicht von der Frucht vom Baum der Erkenntnis von Gut und Böse essen. Es ist ein

Geheimnis, im Leben verborgen. Am Ende wird es der Weg uns zeigen. Jetzt würden Gut und Böse als Wertungsmaßstäbe zu Konstruktionen führen, und die Liebe würde vergessen. Im Baum des Lebens wohnt doch diese große Kraft der Liebe. Voller Ehrfurcht wollen wir vom König Salomo sprechen, vom Sohne Davids, dem Gott Sein Haus entstehen läßt.«

Da sagte Chananja (Chananja bedeutet »die Gunst des Herrn«): »Das Reich geht unter. Der Zaun, das Zeichen *Cheth* bedeutet eine gewaltige Erfahrung. Sie ruft uns zur Wirklichkeit. Es ist ein Teil des Liebesspieles zwischen Gott und dem Menschen. Die Liebenden spielen ja miteinander. Sagt man denn nicht, Gott spiele mit der Welt und habe Seine Lust daran? Ein Spiel ist eben ernst und auch wieder nicht ernst. Im Spiel ist nicht alles so erstarrend wichtig. Gott lächelt, wenn der Mensch auch weint. Und ist nicht das eigentliche Antlitz des Menschen ein glückselig lächelndes, wenn auch nicht ohne Tränen im Auge? Leid und Spiel! Sie gehören zusammen, mengen sich ineinander. Wirklich, Brüder und Lehrer, wieviel weiter, bunter und schöner ist das Leben! Wie langweilig, eintönig, wenn dieser Wohlstand des fetten Buchstabens alles wäre. Ch, dieser Kehllaut, dieses Feiste, frißt wie die achte Plage in Ägypten, die der Heuschrecken, alles kahl. Das ist tatsächlich der Untergang. Aber wohin führt dieser Untergang? Ist nicht alles eigentlich so schön, daß miteinander Schweigen die beste Unterhaltung wäre?«

TETH – DOPPELTES (GEBÄRMUTTER MIT EMBRYO) – DIE NEUN

»Ja«, antwortete jetzt Tuwia (in der nicht-jüdischen Welt als Tobias ausgesprochen; es bedeutet »die Güte des Herrn« oder »Der Herr ist gut«), »dieser Untergang ist eigentlich nichts anderes als das Schenken des Samens. Ist denn nicht das 9. Zeichen, *Teth*, wie eine Gebärmutter? Und ist nicht das 9. Zeichen des Tierkreises der Schütze und wird nicht eigentlich das Schießen des Samens gemeint?
Das Zeichen *Teth* hat folgende Form:

Es zeigt der Form nach tatsächlich, wie eine Hieroglyphe, den Raum einer Gebärmutter mit der kleinen Öffnung. Doch es zeigt auch einen Raum, in dem – gerade wegen der kleinen Öffnung – Finsternis herrscht. Die 9. Plage in Ägypten – alles hängt in der Bibel zusammen in einer grandiosen Einheit – ist die Finsternis. Auch die Gebärmutter ist für das ungeborene Kind ein Ort der Finsternis. Nach der hebräischen Form ist aber dieses Zeichen zusammengesetzt aus einem *Sajin* links und dem Zeichen *Kaf* rechts. Das *Kaf* (noch zu besprechen) ist die Hand, die greifen kann, die also geöffnet ist. So gehört zusammen: *Sajin*, die Waffe, das Schwert, und *Kaf*, die Hand, die das Schwert hält. Das neue Leben, das geboren wird, wird durchgekämpft. Es wird beschützt und so zur Welt gebracht.

Bedeutet *Teth* nicht etwas Doppeltes, eine Zweiheit? Und sagt man nicht, dies sei eben die Zweiheit der Mutter mit dem Kind in ihrem Leib? Sie als das Erscheinende mit der noch ungeborenen Frucht als dem Verborgenen. Aber das gilt in jeder Ebene, es entspricht allem, wo etwas in die Verborgenheit, in ein Geheimnis hineingebracht wird. Heißt nicht bei uns in der heiligen Überlieferung die Gebärmutter auch *Kewer*? *Kewer* aber bedeutet an erster Stelle ein ›Grab‹. Der Körper wird ins Grab gelegt, wie der Same in die Gebärmutter. ›Und Finsternis herrscht über dem Abgrund‹, sagt das nicht schon der 2. Vers der Bibel? So legen wir, wie es im Psalm heißt (Psalm 126), unter Tränen die Saat in die Erde, aber unter Jubel ernten wir. Wie herrlich ist das Wort, tatsächlich, es ist göttlich, es nennt nämlich die Gebärmutter auch *Rechem*, und das bedeutet ›barmherzig‹. Der barmherzige Gott, der Gott, der die Gebärmutter bildet und in ihr das große Geheimnis verbirgt, das Kind, das geboren wird! Das Geheimnis soll gehütet werden, der Engel Gottes behütet mit dem Schwert in der Hand die keimende Frucht, bis ihre Zeit gekommen ist. Ja, es ist barmherzig, das Geheimnis zu hüten. Im Keimen durchlebt das Kind schon das ganze Leben der Welt. Auch dieses *tohu wabohu* in der Finsternis. Der Samen muß das Ei finden, das Männliche das Weibliche. Warum hat Gott in seiner Allmacht es nicht so gemacht, daß der Samen direkt auf das Ei stößt? Wozu die große Vielheit der Samenfäden, von denen nur einer befruchten wird? Bis überhaupt einer das Ei findet! Und wie viele Eier gehen verloren, bis ein einziges befruchtet wird? Stellt euch diese Panik vor. Wird es gelingen, welchem wird es gelingen? In dieser Finsternis sieht doch alles nach Untergang aus. Man sagt, aller Samen, der nicht zum Ei gelange, habe dennoch das Leben der ganzen Welt in sich, von Adam her bis zum letzten Tag! Wird das alles der Vernichtung preisgegeben? Nein, sagt man, jede Lebenspotenz, wie sie im Samen und im Ei anwesend ist, komme in anderen

Welten zum Erscheinen. Nicht in räumlich anderen Welten, sondern in den vielen, vielen Möglichkeiten dieser Welt. Diese bilden das Reservoir der Hoffnungen, der Wünsche, der Phantasie und des Fabulierens. Es sind Wirklichkeiten, die zum Menschen gehören. Es sind seine Geschwister. Das Leben ist nicht so eintönig, wie ein *Super*-Ingenieur es bauen würde. Dieses unser Leben ist aus Liebe entstanden, und es faßt unendlich viele Leben, ewig neu und stets doch bekannt. Am Ende, wenn die Zeiten sich – wie die Wasser am 3. Schöpfungstag – sammeln, wird auch das alles eingesammelt. Und der Mensch erlebt das Leben in seiner ganzen Fülle. Alle seine Tagträume, alle seine Wünsche werden erfüllt, die Mißverständnisse weggeräumt, eine große Versöhnung und Aussöhnung findet statt. Dort in der Finsternis lebt das alles schon, wie im jenseitigen ›Nichts‹, wie im jenseitigen tiefen Dunkel. Heilig ist diese Gebärmutter, heilig, weil sie die Barmherzigkeit *hier* manifestiert, das Geheimnis bewahrt. Und heilig die Frau, heilig die Welt. Jetzt erwarten wir die Geburt des Geheimnisses. Was wird es sein?«

IV.
WELT UNSERES TUNS

– Die Zeichen: Reihe der Zehner –

JOD – HAND – DIE ZEHN

Jerachmeel wandte sich, während draußen die Sonne stärker schien, als ob sie eben eine Wolkendecke durchbrochen hätte, an seine Gefährten (Jerachmeel bedeutet: »Gott erbarmt sich« und enthält den Begriff r-ch-m, barmherzig, erbarmen als Stamm):

»Geboren wird das Zeichen *Jod*, das zehnte, das kleinste, fast unsichtbare Zeichen, tatsächlich wie ein neugeborenes Kind. (*Jod* ist der Tropfen vom Anfang, der Anfang jedes Buchstabens; siehe Seite 30)

unsichtbare Zeile

Es ist neu in seiner eigenen Erscheinung, es stand aber schon im ersten Zeichen, *Aleph*, doppelt da. Die Form des Menschen in der Form des *Waw* gab den beiden *Jod* dort Sinn. Im Anfang ist dieses hier Neugeborene, das in der Barmherzigkeit, in der Gebärmutter als Geheimnis gehütete. Dennoch stand es immer schon im Anfang jedes erscheinenden Zeichens und wird immer bis zum letzten Zeichen am Anfang stehen. Ausgerechnet das Kleine, das aussieht, als ob es nichts zu bieten habe, das Unscheinbare. Ist es aber nicht, so wie es jetzt geboren wurde, wie das Kind, das in jedem von uns doch auch der Anfang ist? Und es bleibt eigentlich fortwährend als Anfang in seiner Verbindung mit dem Vorhergehenden, mit dem Geheimnis, mit dem Schoß der Mutter. Wenn man das nur als Wurzel in sich spürt. Denn dieses Kind hat ja die Weisheit des Geheimnisses. Deshalb fragen unsere Weisen immer das Kind nach dem Vers, den es gerade im Lehrhaus gelernt hat. Dabei geht es ihnen aber eigentlich um das ›Lehrhaus‹ im Geheimnis – dort, wo nach unserer Meinung die Finsternis herrscht, wo nach unseren Gefühlen das Nichts ist. Nicht aus unseren Konstruktionen, aus unseren kausal begründeten Denkgebäuden erfahren wir die göttliche Weisheit. Die richtigen Weisen fragen das Kind. Sie sagen ja auch, ›auf den Säuglingen im Lehrhaus steht die Welt‹. Oft wollen wir das aber nicht wissen. Wir töten das Kind in uns. Wir schämen uns dieses Kindes in uns, finden es lästig. Es stört den von uns geplanten Weg, den von uns konstruierten. Man erzählte sich darum, Nimrod habe die Kinder umbringen lassen, weil er gespürt habe, daß Abraham geboren werden würde. – Abraham, der Vater des *Glaubens*, der die Türe der Welt für das Andere öffnet, der der Vater der Menge der Völker werden wird, wie es bei seiner Namensgebung durch Gott heißt (1. Mose, 17,5). Und gebot nicht auch Pharao, daß man die Kinder töte, weil er sich vor der Andersartigkeit der Hebräer fürchtete, weil sie ihm ein Greuel war! Man sagt, Pharao sei der einzige, dessen Geburtstagsfeier in der Bibel erwähnt wird. (1. Buch Mose, 40,20.); darin komme zum Ausdruck, daß Pharao das Kind fürchtet, das Kind, das ihm schließlich doch zum Schicksal werden wird, den Mose! Und der pharaonische Befehl, die Kinder zu töten, um das Kommen dieses einen Kindes zu verhüten, künde sich bereits in der Erwähnung des Geburtstages an. Dieser Tag zeigt nämlich an, daß wir älter werden. Und dann meinen wir gleich schon, wir würden gescheiter, erwachsen, unabhängig, Menschen mit eigener Meinung. Dadurch bringen wir das Kind in uns um. Immer meint die Bibel an erster Stelle, ja überhaupt: ›in uns‹. Wir fliehen unser Ich, wie wir dieses jenseitige ›Nichts‹ fliehen, und gehen in Äußerlichkeiten auf. Wir veräußern alles, und der Kern geht uns verloren. Die Offenheit des Kindes für das Geheimnis, sein einfaches Glauben, seine Flexibilität im Phantasieren, im Tagträumen, das alles geht uns mit dem Älter-und-gescheiter-Werden verloren. Bedenket, Freunde, Geburtstage zu feiern ist ein gefährliches Omen. Es weist auf Kindesmörder hin. (Auch von Herodes wird eine Geburtstagsfeier erwähnt. Markus 6,21, und war es nicht auch ein Herodes, der durch den Kindermord in Bethlehem berüchtigt wurde?) Schauen wir auf uns selber: Wollen wir nicht gerade für das anerkannt werden, was wir selber geleistet haben? Das Kind aber, das noch vom Himmel saugt, wie es von der Mutterbrust ernährt wird, dieses Kind ist Grundlage der Welt, auf diesem Kind steht die Welt und steht also auch eines jeden Leben.

Das Wort für Mutterbrust und das Wort für Himmel sind im Hebräischen merkwürdig nahe beieinander. Mutterbrust heißt *Schadaim*, und Himmel heißt *Schamaim*. Der Buchstabe d, Wert 4, wird zum m, Wert 40.

Vergessen wir nicht den Säugling, der wir sind, der noch vom Himmel seine Nahrung erhält. Schämen wir uns nicht, dazu zu stehen, es zu bekennen. Rühmen wir uns nicht, das Kind in uns getötet zu haben! Weil wir nichts vom Geheimnis des Zeichens *Teth* wissen, das wir doch zwischen den Augen tragen, und darum das Kind für den bloßen Anfang der irdischen Entwicklung halten, für primitiv und dumm. –

Jerachmeel bezieht sich auf die Tephilin der Juden: schwarzgefärbte, viereckige Lederkapseln, die durch schwarzgefärbte Lederriemen am linken Arm und am Haupte, an der Haargrenze der Stirn zwischen den Augen, befestigt werden. Sie enthalten auf Pergament (wie die Kapseln selbst und die Riemen aus der Haut eines Stieres oder eventuell eines anderen Tieres dieser Gattung präpariert) mit Gallapfeltinte geschrieben, Texte aus der Bibel (5. Buch Mose, Kap. 6,4–9; Kap. 11,13–21; 4. Buch Mose, Kap. 15,37–41). Die an der Stirne befestigte Kapsel nennt die Bibel *Totaphoth*, was mit zwei *Teth* geschrieben wird. Wie schon das *Teth*, enthalten also die *Totaphoth* dieses Geheimnis, auf das Fell des Stieres geschrieben. Die *Totaphoth* sind von innen in vier Teile geteilt, in denen die Pergamentrollen liegen. Die Kapsel auf dem linken Arm, von außen gleich wie die Kapsel auf dem Haupte, ist innen nicht unterteilt und enthält auch nur eine Rolle. *Totaphoth* schreibt sich *Teth-Teth-Peh-Thaw*.

Rühmen wir uns nicht unseres Alters, überbewerten wir nicht unsere Leistungen, das, was wir konstruieren. Erfahren wir dieses Kind als Fundament, eben als Geheimnis.
Jecheskel, im wärmenden Licht der Sonne, die ihn jetzt ganz beleuchtete, hob seine Hand zum Zeichen, daß er reden wollte.

> Jecheskel (»Ezechiel« oder »Hezekiel«) bedeutet »Gott ist stark« oder auch »Es stärke dich Gott« oder »die Kraft Gottes«.

Man wandte sich ihm zu.
»Der Buchstabe *Jod* erklärt so vieles, daß es einem Menschen nicht möglich wäre, das alles sich auch nur vorzustellen! Fangen wir aber an: Es ist das zehnte Zeichen, damit für uns auch das, was wir die Zahl Zehn nennen. Was sind diese Zahlen?
Die Zeichen nennen wir ›Rufe aus dem Nichts‹, Rufe, die hier im Zeit-Räumlichen Form annehmen. Diese Formen teilen uns jene Rufe mit, es sind Übersetzungen dieser Rufe. So auch die Form des Zeichens *Jod*, wir sprachen schon davon, es sei der Tropfen, womit das Unsichtbare, das Unsagbare, sich hier zu äußern versucht. Im Flüssigen erscheint zuerst, was dann feste Form annehmen kann. ›Der Geist Gottes schwebt über den Wassern‹. heißt es im 3. Vers der Thora. Das Wasser ist das erste, das sich zeigt. Dann stellten wir fest, als wir uns fragten, was und wozu das alles sei, daß im Wasser das Blut sei, und wir erschrecken. In der Zeit, im ›Wasser‹ ist Leben, ist das Gleichnis Gottes; als Blut zeigt es sich! Und dann erfuhren wir die Bedeutung der Träne, die sich doch auch als Tropfen manifestiert. Tränen, die aus Leid und Enttäuschung hervorquellen, Tränen, in denen Freude und Überraschung sich manifestieren. Das Wort *Jod* selber aber bedeutet ›Hand‹: Grundlage und Mysterium unseres Handelns. Kommt unser Handeln also nicht aus tiefen, tiefen Quellen? Auf dem linken Arm ist ja auch diese geheimnisvolle schwarze Kapsel, wovon die Thora sagt: ›Knote sie als Zeichen auf deine Hand‹ (5. Buch Mose 6, 8). Knoten – oft mit ›binden‹ übersetzt – will sagen, wie uns schon seit jeher erzählt wird, daß zwischen der einen Welt und der anderen ein Knoten ist. So auch zwischen Himmel und Erde. Der Knoten verbindet und trennt. Im Knoten verliert man

den Lauf des Fadens, man kann ihm also kausal nicht folgen. Und das verärgert. Man glaubt, man komme nicht weiter, solange man den Knoten nicht gelöst hat. Es ist, als säße man in einem Wagen, bei dem an der Deichsel, wo die Pferde angeschirrt sind, die Riemen verknotet sind. *Wie* ziehen die Pferde? Wo und wie erklären wir das, was uns unseren Weg gehen läßt? Alexander der Große wollte sich auf seinem Weg nach Osten – dem Weg zum Ursprung – nicht aufhalten lassen. Er hieb mit seinem Schwert den Knoten durch. Er trennte Himmel und Erde: aus der ganzheitlichen Sicht des Menschen wurde eine trennende Unterscheidung von Leib und Seele. Der Knoten ist beseitigt, aber es gibt auch keinen Zusammenhang mehr. Das nennen wir die Sehweise des ›Griechen‹. Wir aber anerkennen den Knoten an der Hand. Wir leben mit ihm, wir danken, daß wir ihn haben. Denn ist er nicht Grundlage für die Liebe? Ausgangspunkt für den Glauben? An der Stirne die *Totaphoth*, das doppelte *Teth* als Geheimnis, als das geistige Auge des Menschen, und am Arm dieser Knoten, dieser *Kescher.*

> *Kescher* ist das hebräische Wort für Knoten. Jecheskel deutet auf das Wort »knoten«, das in Übersetzungen zum leichteren Verständnis als »binden« übertragen wird. Jecheskel erwähnt hier die Geschichte vom »gordischen Knoten«. Alexander spielt in der jüdischen Überlieferung auch sonst eine Rolle. Bis heute gilt Alexander darum auch als jüdischer Name.

Die handelnde rechte Hand bindet den Knoten an der Linken. Was unten bei ihm links ist, ist oben rechts und umgekehrt. Auch das gehört zum Zeichen des Knotens. Die Riemen der *Totaphoth* bilden im Nacken des Menschen den doppelten, als ›Vierheit‹ erscheinenden Knoten. Man versuche nicht, mit unserer aus der Erfahrung erwachsenen Vernunft, oben und unten, Geheimnis und Offenbares, kausal zu verbinden. Man lasse den Knoten, und man erfährt das Geheimnis des Wunderns, des Staunens, der Überraschung. Und dann hat man den Geschmack der Liebe gekostet. So auch mit unserem Handeln. Von wo her handeln wir, wohin führt es? Überlasse das dem Jenseits in dir. Handle aus Liebe, aus Glauben, aus Güte! Das ist dann in Übereinstimmung mit der Sehnsucht des Vaters im

Himmel, der das von dir erhofft. Und dann bist du schon Sein Kind.«

Jochanan griff den Faden auf. (Jochanan bedeutet: »Der Herr ist gnädig«. Es ist der gleiche Name, der über das Griechische zu Johannes wurde.) Jochanan hat strahlende Augen und ein sehr ruhiges Gemüt.

»Du nanntest vorher das Zeichen *Jod* als die Zahl 10. Überlegen wir nun ruhig. Bis 10 zählen wir ja. Was weiter kommt, ist nur Wiederholung. 11 ist 10 + 1, 20 ist 2 in der Zehnerebene, 200 ist 2 auf der Ebene der Hunderter. Mit der Zahl 10 wird der Tropfen geboren: der Blutstropfen, in dem der Mensch das Gleichnis Gottes in der Zeit erkennt – die Träne, die die Gefühle zeigt. Liebe und Leid erscheinen mit diesem Tropfen. *Jod* ist das Kind, das nun neugeboren erscheint, aus dem Geheimnis hervorgetreten. Es ist die zum Handeln bereite Hand. Was sagen die Zahlen überhaupt in unserem Alltag? Schön, sie sind uns nützlich. Aber damit verlieren wir vielleicht den *Sinn* der Zahlen aus den Augen. Ich will euch etwas erzählen, was uns vom Sinai her überliefert ist. Die Buchstaben sind im Jenseits Zahlen. Dort aber sind die Zahlen, diese kalten irdischen Proportionen, Gefühle, Qualitäten, so wie wir es hier besprechen. Als Qualitäten sind sie die echten, die absoluten Zahlen. Dort im Jenseits sind die 600 000 Hebräer, die aus Ägypten ziehen, qualitativ gemeint. Es ist die 6, die *Waw*, die vom Verbinder des Jenseitigen und Diesseitigen erzählt. Alles in Ägypten zeigt sich merkwürdigerweise im Zeichen des *Waw*, dieses ›und‹. Es sind 600 Wagen, die der Pharao einspannen läßt (2. Buch Mose, 14,7), und die Überlieferung erzählt, die jüdischen Mütter hätten in Ägypten immer nur Sechslinge geboren. Das Pferd, in der Bibel das Tier Ägyptens, schreibt man hebräisch 60-6-60. Diese Zahlen sind also unter dem Aspekt des Jenseitigen exakt zu nehmen. Dort hat alles ganz genau seinen Sinn, die Qualität ist entscheidend. So ist auch die Wurzel von allem, die Liebe, eine Qualität, nicht quantitativ meßbar, nicht konstruierbar. Und merken wir uns folgendes: Weil die Zahlen im Jenseitigen, und allein dort, exakt anwesend sind, weil die Zahlen durch ihren Qualitätswert die jenseitige Anwesenheit der Buchstaben sind, die diesseits zu

Konsonanten werden, quantitativ meßbar und feststellbar, deshalb können wir erzählen. Die exakte Zahl jenseits ermöglicht uns, im Diesseits zu erzählen. (Der Zusammenhang von Zahl und erzählen existiert – wie im Hebräischen – in vielen Sprachen.) Hier, im Zeit-Räumlichen, sind jene Zahlen die Buchstaben. Und diese Buchstaben kommen in jeder Sprache vor. Mit ihnen kann man alle Geschichten der Welt aus allen Zeiten in allen Sprachen erzählen. Ohne Ende. Die Zahlen gehen in der Ebene der Einer bis zum *Jod*, der Zahl Zehn; in der Ebene der Zehner gehen sie bis zu 100, und in der Ebene der Hunderter gehen sie bis zu 400, der 4, dem Buchstaben *Daleth*, der *Türe* in dieser Ebene der Hunderter. Mit diesen 22 Zeichen können alle Worte in allen Sprachen gebildet werden. Man füge die Konsonanten so oder so zusammen, und alle Mitlaute entstehen. Zählen im Exakten – Absoluten – ergibt die Unendlichkeit des Erzählens im Zeit-Räumlichen, im Relativen. Das ist auch ein Zeichen der Göttlichkeit des Wortes.«
Jonathan, ergeben, ruhig, setzte das Gespräch jetzt fort. (Jonathan bedeutet »Der Herr schenkt« oder »Der Herr gibt«.)
»In dieser 10, diesem *Jod*, wohnt doch auch das Geheimnis von Gottes Namen! Schreiben wir ihn nicht als *Jod-He-Waw-He?* Also eigentlich jenseits, qualitativ exakt, liebend, Liebe ausstrahlend, als 10, als *Jod*, und dann als *He-Waw-He*, also als 5 ›und‹ 5, also wiederum 10, wiederum *Jod*. Das eine *Jod*, die Zehn von oben, ganz, das andere *Jod*, die Zehn von unten, geteilt in 5 und 5, die beiden 5 vom *Waw*, vom Menschen als Verbinder verbunden. Das ist der Bund, das Bündnis Gottes. Das Kind oben, aber unten geteilt in zwei, doch natürlich Eines. Und *Aleph*, das erste Zeichen, hat doch schon das Zeichen *Jod* oben, *Waw* als Verbindung und dann das andere Zeichen *Jod* unten. Unten, in der Welt, in ihrer Zweiheit, als Offenbares und als Verborgenes, ist *Jod* geteilt in die beiden *He*, in die beiden Fenster. Das eine *He*, das eine Fenster, mit dem Blick auf das Erscheinende, und das andere Fenster mit dem Blick auf das Verborgene. Und der Knoten und die *Totaphoth* verbinden diese beiden Fenster. Versteht ihr, Brüder, *Jod* ist entscheidend für den Namen des Herrn. Mit allem, was wir von *Jod* erzählen

können. Unendlich, weil die 10 das Tor ins Unendliche öffnet. Und dort steht das Kind, geboren aus dem Geheimnis des *Teth*, aus dem Dunkel der Barmherzigkeit. Gott sagt: ›Ich werde mich erbarmen über den ich mich erbarmen werde.‹ Die Geschichte eines jeden Lebens ist unübersehbar weit, sie ist eigentlich so unaussprechbar wie der Name Gottes. Er ist, er war und er wird sein.«

KAF – HAND – DIE ZWANZIG

»*Jod* ist also wie *Aleph:* teils in dieser Welt erscheinend, teils noch im Jenseits der Einer verborgen«, sagte jetzt Kaleb.

Kaleb bedeutet eigentlich »Hund«, kann aber auch gelesen werden als »wie das Herz«. Der Hund gilt in der Überlieferung als eine Erscheinung des Wesens des Logischen, Kausalen. Darum wird er, als ein nur das Gesetz anerkennender, etwas gefürchtet. Er ist treu, wachsam, gescheit, an das Objekt oder an den Herrn gebunden. Die Katze verkörpert die Seite des Mysteriums. Sie ist dem Hause treu, weniger dem Menschen. Hund und Katze vertragen sich nicht. Das Logische verfolgt und beißt das Verborgene. Man bemerkt, wie beim Auszug aus Ägypten, bei dieser nach menschlichen Maßstäben undenkbaren Erlösung, erzählt wird (2. Buch Mose 11, 7): »Aber gegen alle Kinder Israel wird nicht ein Hund seine Zunge spitzen, vom Menschen bis zum Vieh, auf daß ihr wisset, daß der Herr einen Unterschied macht zwischen den Ägyptern und den Jisraeliten.« Das will sagen: logisch, kausal, wäre die Erlösung nicht möglich. Der Hund, die Logik, würde sie verhindern. Gott läßt aber die Hunde schweigen für *Israel*, und es wird erlöst. Nun ist die Logik aber nicht böse, wie auch der Hund, ein getreues Geschöpf Gottes, nicht böse ist. Die Gestalt von Kaleb und sein Schicksal, wie die Bibel es beschreibt, zeigen es schon. Hier kommt die andere Bedeutung des Namens Kaleb zum

Vorschein: »wie das Herz«. Man weist auf Kalebs Verhalten bei den Kundschaftern hin (4. Buch Mose, Kap. 13 und 14). Wie die Überlieferung erzählt, besichtigte er nicht wie die anderen das Land; er blieb die ganze Zeit in Hebron, an der Ruhestätte der Väter in der Höhle Machpela. Er *glaubte* Gott, daß das Land bestimmt gut sein werde. Und im Buche Richter, Kap.1, wird erzählt, wie die Orte Debir und Kirjath Sepher eine Rolle bei Kaleb spielen. *Debir* bedeutet »Heiligtum« und *Kirjath Sepher* bedeutet »Stadt des Buches«. Bei Kaleb bekommt die Logik und die Kasuistik sogar etwas Heiliges, weil sie bei ihm aus der Quelle des Glaubens genährt werden. Das Diesseits ist heilig, wenn es vom Jenseits her regiert wird. »Wie das Herz« das Blut nach allen Richtungen strömen läßt, zu jedem Organ, so strömen Logik und Kausalität vom Herzen des Menschen, wo das Blut, das Gleichnis Gottes wohnt, überall hin, bis ins kleinste Detail, um den ganzen Körper, die ganze Welt zu beleben. So wie Jehoschua (d. h. Josua) an der einen Stelle steht, steht Kaleb ihm zur Seite, an der anderen. Der böse Hund beißt, ist gefährlich. Der treue Hund ermöglicht dem »Eroberer« des gelobten Landes seinen Erfolg, weil das Zeit-Räumliche von ihm bis in die letzte Faser gehütet wird. Das ist Kalebs Platz in der Überlieferung.

»So wie *Aleph* stumm ist, so ist die Hand als *Jod* noch nicht richtig erkennbar in dieser neuen Ebene der Zehner. Es ist die Wirklichkeit der *Jod*-Welt, mit allem, was wir von *Jod* wissen und fortwährend erfahren. Und so wie der Laut mit *Beth* in unsere Wirklichkeit hineinexplodiert, so erfährt man die Hand erst richtig im Zeichen *Kaf*. Denn *Kaf* bedeutet ebenfalls Hand, nunmehr aber die Hand, die bereit ist zum Greifen. Und das bedeutet für den Menschen zugleich die Fähigkeit zum Begreifen. Das Haus der Welt wird auf der Ebene von *Jod* greifbar.

Das Zeichen *Kaf* als 20, hat zum Zeichen *Beth*, 2, natürlich eine Beziehung. Bei *Beth* ist die Welt unten in ihrer Ausdehnung noch unbegrenzt (siehe Seite 49). Jetzt aber, nach dem *Jod*, durch die Möglichkeit des menschlichen Handelns im Sinne des göttlichen Handelns, kann die Welt unten durch die

Beziehung zur Welt oben auch schon ihre Maße erkennen. Zum Vergleich stellen wir das Zeichen *Beth*, 2, neben das Zeichen *Kaf*, 20.

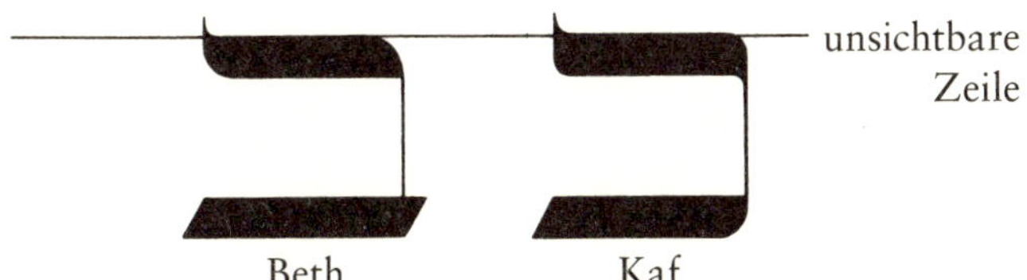

Jetzt kommt die direkte menschliche Bewegung. Das Handeln, die Handlung, die Behandlung bekommen eine neue Dimension. Und das Zeichen *Kaf* enthält auch, so wie es in seinem Namen geschrieben wird, das Geheimnis vom Paradies, von seinen Flüssen und seinen Bäumen.«

Das Wort *Kaf* schreibt man *Kaf-Peh*. In den Zahlen des Jenseits bedeutet das 20–80. Vereinfacht ist dies das Verhältnis 1 :4. Die Bibel kennt dieses jenseitige Zahlenverhältnis im Paradies. Der Fluß, der aus dem Garten fließt, teilt sich in vier Teile. Also auch 1 und 4. Die Zahl der Buchstaben des Baumes des Lebens nach ihrem Wert ist 233; die Zahl des Baumes der Erkenntnis ist 932. Auch das ist das Verhältnis 1 :4. Der Dunst, der aufsteigt, die Erde zu befeuchten (1. Buch Mose 2,6) heißt im Hebräischen *ed*, geschrieben *Aleph-Daleth*, also 1–4. Im Handeln des Menschen wohnt also die Kraft des Paradieses, die Alternative der beiden Bäume, u.s.w. Übrigens hat die Hand selber auch schon diesen Ausdruck: sie hat den Daumen und die vier Finger. Der Daumen hat, wie die Bibel erzählt, als »1« eine besondere Funktion (siehe u.a. 3. Buch Mose 8,23). Man versteht jetzt vielleicht die Bedeutung des Knotens am linken Arm, von der Rechten gebunden, besser. Das Handeln ist voller Mysterien.

LAMED – OCHSENSTACHEL – DIE DREISSIG

»Diese Hand ergreift nun *Lamed*, den Ochsenstachel, den Stock, womit der Stier zur Bewegung gebracht wird«, sagte jetzt Levi, und er wirkte unruhig, als ob er bei dieser neuen Bewegung mit angestachelt würde.

»Der Stier mit seinem Geheimnis pflügt die Welt, macht sie bereit, die Saat aufzunehmen. *Aleph* kommt zur Erscheinung. Die Zeichen am Himmel mit dem Zeichen Stier am Anfang, beginnen sich zu drehen, zu bewegen. Die Zeit gerät in Bewegung. Was dieses kleine, winzige, unbeachtete *Jod* nicht alles verursacht! Und schaut nur die Form dieses Zeichens an, der Mensch unten und der Mensch oben spiegeln sich.

Das Zeichen *Lamed* besteht aus zwei *Waw*, die sich an der Grenze zwischen »oben« und »unten« spiegeln. Waw als Form des Menschen zeigt sich, dort wo der Mensch den Stier-Beweger in die Hand nimmt, in diesem einen Fall auch »oben«. Im Handeln, das die Zeit in Bewegung setzt, also eigentlich die Zeit zum Erscheinen bringt, ist der Mensch göttlich. Das ist das Mysterium des *Tuns*. Was nützt viel Gerede, wenn nicht auch etwas getan wird? Mit diesem Tun rollt jetzt die Folge der Mitteilungen aus dem Nichts weiter ab. Die Form von *Lamed* ist:

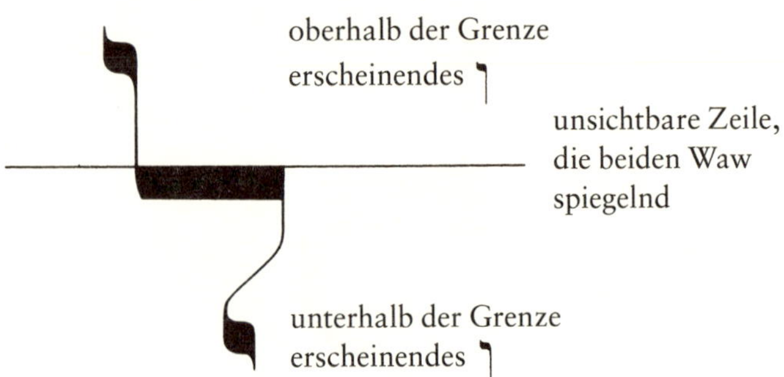

Es ist das einzige Zeichen, das sich oberhalb der Grenze des Erscheinens manifestiert. Es zeigt aber auch, daß der Mensch unten niemals allein und von unten her handeln kann. Das *Waw* oben steht aufrecht, richtig; das *Waw* unten aber steht verkehrt, nach oben blickend. Von dort nämlich kommt die Initiative zum Handeln. Das Reich des Himmels bringt über den Menschen im Reiche der Welt das Handeln. Das Verhalten des Menschen ist von oben bestimmt. Der Knoten und die *Totaphoth* erlauben uns aber nicht, hier kausale Beziehungen auszukundschaften. Fragt nur den Kaleb, was geschieht, wenn Kundschafter dorthin ausziehen und dann Bericht erstatten möchten unten vom Leben oben. Gut, daß dem Menschen das Geschenk dieser Tephilin gemacht wird. Wenn Israel sie trägt, funktioniert dieser Knoten schon für alle Welt. Was im Geiste und in der Seele ist, entscheidet über das Verhalten des Körpers. Aber auch da ist die Verbindung von der Art des Knotens. Wirklich, wir können glauben, wir können singen.«

MEM – WASSER – DIE VIERZIG

»Sobald sich der Stier bewegt, entsteht die Zeit.« Die Stimme Menachems ertönte. Eile klang in seiner Stimme mit. Der Tröster eilt immer.

> Menachem bedeutet »Tröster«. Im jüdischen Brauch wird dem Namen Menachem oft der Begriff »Mendel« zugefügt. Mendel ist die jiddische Form für Mandel. Mandel heißt im Hebräischen *schaked*, was wiederum auch »eilen« bedeutet. Die Mandel, sagt man, eilt mit ihren Blüten allen voran. So auch der Tröster. Menachem ist auch einer der Namen des Messias.

»Und die Zeit zeigt sich im jetzt erscheinenden Zeichen *Mem*. Die Bewegung des Stieres, die Änderungen der Konstellationen, die Entwicklung, das Wachstum gründen bereits im verborgenen Ursprung in den Schöpfungstaten des ›Anfangs‹.

> Das hebräische Wort für »im Anfang« lautet *bereschith*. Dieses Wort enthält in sich schon den ganzen Lauf der Entwicklung der Welt und birgt damit auch den Sinn des Seins. (Näheres hierüber im Buche »Schöpfung im Wort. Der Sinn der Bibel nach jüdischer Überlieferung«, Zürich 1994).

Sie finden ihren Ausdruck im Schöpfungsbericht, wo erzählt wird, ›der Geist Gottes schwebt über den Wassern‹. Denn Wasser, das ist, was wir als Zeit empfinden. Und das Zeichen *Mem* heißt ja auch ›Wasser‹. *Mem* ist aber zugleich – nach *Lamed* als 30 – die Zahl 40. Das Männliche, das sich in der Zahl

3 birgt, bringt das Weibliche, der Zahl 4 entsprechend hervor, so wie *Gimel*, das Kamel, zum *Daleth*, zur Türe der Welt führt. Und wir wissen, daß die Bibel die Zeit mit ihrer jenseitigen Zahl mißt. Es heißt immer wieder 40 Tage, 40 Jahre, und damit will man nur sagen, daß es jenseits, im Absoluten, im ›Nichts‹, Zeit tatsächlich gibt, als Qualität natürlich. Um dieses Geheimnis geht es, wenn die himmlische Mutter bittet, in die Welt unten eintreten zu dürfen, um mit dem Menschen zu sein. Sie, die Mutter, ist die Mutter der Zeit, die Mutter auch des Raumes hier und damit aller Erscheinungen. Kennt man nicht den Zusammenhang von Mater und Materia? Und nennen wir in der Überlieferung diese Mutter nicht auch nach ihrem römischen Namen ›die heilige Matrona‹? Die Zeit fließt, kein Moment bleibt. Sie ist auch der Fluß, der aus dem Garten Eden hervorkommt, und der sich in die 4 Ströme teilt. Die Zeit reinigt, sie besänftigt; ihr Fließen erweckt im Menschen das Gefühl, daß es auf ein Ziel zugeht; die Zeit ist hoffnungsträchtig. Unser Maß ist die Hoffnung.

Das Wort für Maßstab, *Kaw*, ist zugleich Wurzel für das Wort Hoffnung wie auch für das Wort »Sammlung der Wasser« (siehe Seite 80). *Kaw* nämlich besteht aus den Buchstaben *Kaf-Waw* und hoffen als Zeitwort aus *Kaw-Waw-He:* »Sammlung der Wasser«, *Mikwah*, schreibt sich *Mem-Kaf-Waw-He.*

Woher kommt das Wasser? Unten aus der Erde, aus dem Geheimnis des Erscheinenden, und von oben als Regen, als das die Schöpfung Belebende. Der Geist Gottes aber schwebt über den Wassern. Das Wort *merachefeth*, schweben, bedeutet auch ›sich kümmern um‹, ›besorgt sein um‹. Und wir sagen doch auch, ›der Geist Gottes‹, das sei der Messias, der Erlöser. Er kümmert sich um die Wasser, er ist schon von Anfang an um die Zeit bekümmert. Denn dann folgt im Schöpfungsbericht das Wort Gottes ›es werde Licht‹, ›es sei Licht‹. Deshalb reinigt Wasser. Nicht nur im Sinne der einseitig irdischen Hygiene, sondern auch in dem Sinn, daß dem Menschen die Befangenheit in der Begegnung mit dem Tod und die Gefangenschaft im Tod selbst genommen werde. Denn das bedeutet jenseitig das Wort

›Unreinheit‹. Ohne Wasser kann die Welt nicht sein, weil es ohne dieses Geschenk der Mutter keine Zeit gäbe. Miriam erhält den Menschen, indem durch sie der Brunnen der Zeit fließt.

Der Name Miriam, m-r-j-m, enthält sowohl den Begriff »bitter«, m-r, als auch den Begriff »Wasser«, m-j-m. Das Leid der Mutter um ihre Kinder: von Rachel, der Mutter des Lammes (was der Name Rachel bedeutet), wird erzählt, daß sie um ihre Kinder weint, die an ihr vorbei ins Exil der körperlichen Existenz ziehen, und Gott sie tröstet (Jeremias 31, 14 und weiter). Aber auch das Schenken der Zeit: wie die Überlieferung erzählt, ist das Wasser für die Kinder Israels auf ihrem Weg durch die Wüste vom Miriam-Brunnen gekommen, der mitzog auf dem Wege. Und steht nicht auch Miriam am Wasser, als Moses, ihr Bruder, in diesem Wasser ausgesetzt wird und die Tochter Pharaos, Bathja – übersetzt »Tochter des Herrn« – ihn zu sich nimmt? Im Wasser ausgesetzt bedeutet ja »in der Zeit« ausgesetzt; in das Leben von Zeit und Raum. Und immer ist es die Frau, die am Brunnen steht, dort, wo die Zeit aus der Verborgenheit hervorkommt. Man denke an die Erzählungen der Bibel von Rebekka, von Rachel, von Zippora, Moses' Frau, am Brunnen. Miriam ist der hebräische Name, der über das Griechische zu Maria wurde.

Sogar im alten Hieroglyphenzeichen sehen wir dieses *Mem* als Wasser (siehe Seite 80). Unser Zeichen *Mem* enthält aber noch ein großes Geheimnis, und ich möchte euch dieses nicht vorenthalten.

Das Zeichen *Mem* wird gesehen als eine Zusammensetzung des *Kaf*, also 20, mit dem *Waw*, der 6. Insofern ist es die Zahl 26. Und dies ist doch auch die Jenseits-Zahl, die vom Namen des Herrn, des Namens *Jod-He-Waw-He*, also 10-5-6-5, was eben 26 ergibt. Das Zeichen *Mem* ist:

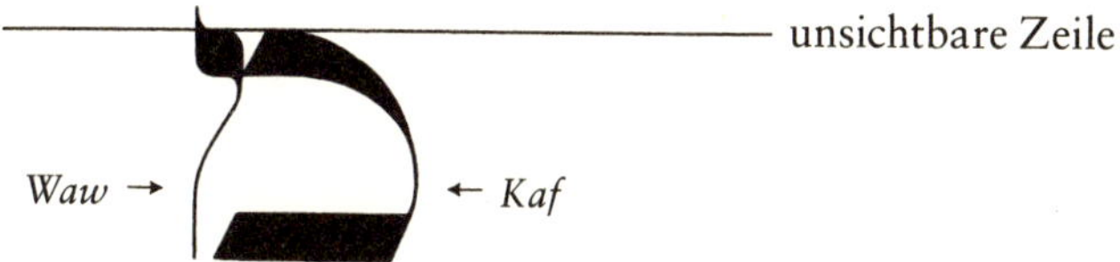

Schauen wir uns dieses Zeichen an, dann sehen wir, daß es ein *Kaf* und ein *Waw* ist. Der Mensch in seiner Idealform, als *Waw*, als Verbindung zwischen Himmel und Erde, und die ergreifende, handelnde Hand. Sein Tun! Sein Sich-bewegen durch Zeit und Raum. Und das *Kaf* als 20 und das *Waw* als 6 zeigen doch auch die 10 und die 10 mit der 6, das Zeichen *Aleph*, das doch die beiden *Jod*, die beiden 10 hat, und das *Waw*, die 6. Und das ist doch auch der Name Gottes: das Geheimnis der jenseitigen, der heiligen 26. Diesseitig nicht faßbar und deshalb nicht aussprechbar. Seht, Freunde, *das* ist das Geheimnis des Wassers, das Geheimnis der Zeit: Gott selbst, der Herr, ist in der Zeit! Deshalb reinigt uns das Wasser von der Unreinheit des Todes, von jeder Berührung mit einem gestorbenen Lebewesen, sei diese Berührung konkret oder gedanklich. In der Zeit lebt ein gewaltiges Geheimnis: das Geheimnis auch der Auferstehung.«

»Darf ich noch einige Worte zufügen, nach diesen so erschütternden Offenbarungen des Menachem über das Wesen von Zeit und Raum, worin Gott als der verborgen Anwesende mit uns ist«, sagte jetzt Michael. »Denn wir wissen, für 5 der 22 Zeichen gibt es doch eigene Schlußzeichen, wenn nämlich einer dieser 5 Buchstaben am Ende des Wortes steht. Es deutet an, daß mit dem Auftreten dieser Zeichen der Weg überhaupt abgeschlossen sein könnte. Darüber wäre vieles zu sagen, aber ich glaube nicht, daß wir das jetzt in dieser Tischrunde erörtern sollten.

Schlußzeichen gibt es bei *Kaf, Mem, Nun, Peh* und *Zade*. Also bei der 20, 40, 50, 80 und 90. Sie haben folgende Formen:

Kaf Mem Nun Peh Zade

Ich möchte nur auf das Schluß-*Mem* aufmerksam machen. Es ist ganz geschlossen, und das will sagen, man könnte, wenn man nicht weiter käme als diese Zeit, in eine langwierige Gefangenschaft geraten. Eine Gefangenschaft vor allem dem Gefühl, der

Überzeugung nach. Man kann im Leben keinen Sinn mehr erkennen, man ist gedrückt, unglücklich, braucht Ablenkung, Zerstreuung, Entspannung. Und man findet sie nicht. Die *mikwa* (das Tauchbad) sagt uns doch, was das Leben ist: Man taucht zwar ein in die Zeit, nach unserem Brauch dreimal, wegen der drei Welten, die als Grundlage unserer Welt da sind.

Die Überlieferung spricht von vier Welten, vier Wirklichkeiten als alle Daseinsmöglichkeiten erfassend, als das totale Sein. Man könnte materiell sagen, daß jede weitere Welt eine weitere Verdichtung darstellt, ein immer Weiter-Kommen der Schöpfung bis zu der untersten, konkreten, dinghaften, harten, erstarrten, kalten Welt der festen Materie. Aber immer sind die anderen, immaterielleren Wirklichkeiten auch da. Die Gott am nächsten stehende Welt nennt man *olam aziluth*, und das will sagen: »Welt im Schatten« (Gottes). Die zweite nennt man *olam bria*, was bedeutet »Welt der Schöpfung« – gemeint ist die durch die Schöpfungsworte hervorgebrachte Welt bei Gott. Die dritte heißt *olam jezira*, und das bedeutet »Welt der Formung«: so nennt man die Welt, wo die Urformen leben als Potenz der Formwerdung jeder Erscheinung in der vierten Welt, unserer Welt hier, die *olam assia* heißt. Das bedeutet »Welt des Tuns«. Dieser Name bezieht sich auf das letzte Wort des 1. Buches Mose 2, 3, das *la-assoth* heißt, was schwer zu übersetzen ist. Eigentlich bedeutet es: »auf daß getan werde«. Es enthält das Geheimnis des *Jod*, das Geheimnis des Bewegens des *Kaf*, den Sinn der Erfüllung von Zeit und Raum. Diese Vierheit kommt als Struktur übrigens immer wieder vor. Man spricht immer vom Menschen und seinen drei Freunden (die drei Freunde Abrahams, die drei Freunde des Hiob). Man denke auch an die drei Weisen, die nach Bethlehem ziehen. So spricht man in der Überlieferung auch von den vier Reichen, den 4 Exilen, den 4 Elementen. (Siehe hierzu u. a. auch das Buch »Leben im Diesseits und Jenseits« von Friedrich Weinreb, Origo Verlag, Zürich 1974.)

Aber man bleibt nicht im Wasser. Nach dieser Begegnung mit der Zeit kommt man wieder heraus. Sonst ertrinkt und erstickt man. *Mem* ist wie *Daleth*, aber eben in der Ebene von *Jod*, der Ebene der Zehner. Die Zeit ist die Türe zu anderen Welten. Man kommt durch sie hindurch, bleibt aber nicht in der Türe stehen. Die Zeit erlaubt uns, den Übergang von Welt zu Welt zu erfahren; sie ist eine Phase in unserem Leben. Wenn sie auch unser Lebenselement auf dem ganzen Wege ist. Erst mit der 4 auf der Ebene der Hunderter ist die ganze irdische Zeit zu Ende. In der geschlossenen Form des Schluß-Mem sieht man eine Versuchung, eine Gefahr angedeutet. Darauf nur wollte ich euch aufmerksam machen.«

NUN – FISCH – DIE FÜNFZIG

»Aber gewiß, wir danken dir, daß du diese Worte gesagt hast«, sprach jetzt Nechemia. (Nechemia, von den nicht-Hebräisch-Sprechenden Nehemia genannt, bedeutet »Trost des Herrn«, »der Herr tröstet«.) »Denn der weitere Weg des Lebens, wie die Buchstaben ihn erzählen, dieser weitere Weg zeigt tatsächlich die Größe dieses Ringens um Liebe. Bis zur vollkommenen Hingabe aneinander. Das jetzt anhebende Geschehen auf dem Weg bringt ja das Zeichen *Nun*, die 50 als Zahl im Qualitativen. *Nun* ist aber ein Fisch, und zwar ein besonderer.

Nun, das auch im Worte *Tanin* (1. Buch Mose 1,21) steckt, bedeutet Fisch, nach der Überlieferung aber auch den Ur-Fisch, auf dem die Welt ruht, den Leviathan. Man denke in diesem Zusammenhang an Niniveh, die Stadt, wohin Jona sich begeben soll. Niniveh bedeutet *nun-nweh*, und das ist »Fisch-Wohnung«. Man denke an das »Zeichen des Jonas«, an das Zeichen des Fischfangs, an den Fisch in der jüdischen und christlichen Liturgie und im Ritual sowie an die Bedeutung des Fisches in den verschiedenen anderen Kulturen. (Vgl. »Das Buch Jonah« v. Friedrich Weinreb, Origo Verlag, Zürich 1970.)

Nun weist auf das Erscheinen des Lebens, auch des Menschen, im Wasser, in Zeit und Raum dieser Welt. Des Menschen Lebenssinn zeigt sich in der Figur von *Nun*. Denn heißt nicht der Jehoschua, der Israel in das gelobte Land führt, ›Sohn Nuns‹?

Kommt er also nicht hervor aus diesem Fisch? Das gelobte Land ist doch der Sinn und das Ziel des Weges: das Paradies, das ewige Leben, wo alles Leben und wo alle Erfahrungen, Träume, Wünsche aller Lebewesen eingesammelt werden. Man sagt, in diesem Lande herrsche weder Krankheit noch Tod, dort gebe es keine Aggression und kein Feind bedrohe es. Und im Zentrum dieses Landes, in Jerusalem – und Jerusalem bedeutet doch ›das Erscheinen Gottes im Vollkommenen, im Frieden‹ – ist die Wohnung Gottes.

Vergleiche im 1. Buch Mose 22, 14, wo Abraham den Ort am Berg Moria »der Herr erscheint« *ha-schem jire* nennt. Diese *jire* wird mit dem *Schalem* (»Friede«), dem Ort des Malchizedek verbunden (1. Buch Mose 14,18). »Der Herr erscheint in Schalem« bedeutet es also. Der Berg Moria ist identisch mit dem Berg, wo das Haus Gottes steht. Der Name Moria kommt vom Begriff lehren, weisen, schwängern. Thora und Moria sind also von gleicher Bedeutungswurzel.

Diese Wohnung Gottes wiederum ist identisch mit dem Garten Eden. Alles dort ist frei von den Gesetzen von Zeit und Raum.

Die Überlieferung sagt unter anderem, es sei dort nie eine Fliege gesehen worden. (Fliegen, *sewuw*, sind die Erscheinung der störenden Vielheit. Der Beelzebub ist z. B. nach dem Hebräischen der *Baal Sewuw*, was bedeutet: Herr der Fliegen. Die Fliegen werden auch genannt als die Überbringer des Feuers, das den Tempel zerstört.) Ferner heißt es, das Volk stehe in seiner Vielheit gedrängt, einer dicht an den andern gedrängt. Als sich aber alle vor Gott niederwerfen, ist Platz für alle. Weiter wird erzählt, der Rauch der Opfer steige immer senkrecht auf. Die Naturgesetze sind also dort aufgehoben. Keine Frau verliere dort je ihre Frucht. Alles komme dort richtig zustande, nichts könne mißlingen. Störungen, die in unserer Welt immer wieder durch den stoßenden Stier, das Geheimnis des Bösen, also auch durch Sünde und Tod, vorkommen, gibt es dort nicht mehr.

Dorthin führt der Jehoschua Israel.

Jehoschua bedeutet »Der Herr hilft«, »Der Herr rettet«. In Übersetzungen wurde daraus, weil einem der hebräische

Name nichts mehr sagte, »Josua« – daraus entstand der Name »Jesus«.

›Israel‹ ist das in jedem Menschen Auserwählte, das sich in der Erscheinung nicht Aufdrängende, das im Verborgenen Bleibende. Wie Geist und Seele verborgen sind, wie deshalb für die Vokale und Töne in der Thora keine Zeichen vorkommen. Es ist das ganze Geschehen des Achten Tages. Denn *Nun* ist doch die 50. Und die 50 ist doch jenseits der Grenze des Weges durch die Zeit. Dieser Weg durch die Zeit, der Weg des *Sajin*, der Sieben, ist dort, wo alles in der Welt der Erscheinungen in Raum und Zeit sich selber begegnet, erfüllt. Es bedeutet in den jenseitigen Zahlen, daß die Sieben der Sieben begegnet, es haben also dann 49 Begegnungswirklichkeiten stattgefunden. Das sind die 49 Tore, durch die man auf dem Weg durch das Leben schreitet. Jehoschua aber geht auch durch das 50. Tor, heißt es in der Überlieferung. Er ist der Sohn des *Nun*, der 50, und damit ist nach dem siebten Tag der achte Tag gekommen. Es ist der Mensch schlechthin in diesem Zeichen *Nun*, der große, der gewaltige. Im Schluß-Nun (siehe Seite 110) geht das *Waw* bis hinunter, bis in die Unterwelten. Im Zeichen des gewöhnlichen *Nun* ist das Sich-selbst-Begegnen vollkommen. Der Mensch hat sich kennengelernt. Er weiß jetzt auch, was es bedeutet, im Bilde und Gleichnis Gottes zu sein. Er ist der Adam – ›das bist *du*‹, wird ihm gesagt.«

Dies ist das Zeichen *Nun:*

Es ist das *Waw* von oben und unten, von beiden Seiten. Der Mensch, der sich in seiner paradoxalen Situation kennt. Man kann das *Nun* auch als die beiden *Jod* sehen, die einander berühren, ineinander übergehen. Der Sinn ist der gleiche; denn auch das neugeborene Kind, das Kind in jedem Menschen, lebt in beiden Welten, kennt sich hier und dort aus.

SAMECH – WASSERSCHLANGE – DIE SECHZIG

»Der Mensch im Wasser, der Mensch im Zeichen des Fisches ist der ideale Mensch unserer Wirklichkeit, wie er lebt in der Zeit und erscheint im Raum. So wie Gott ihn gewollt und so, wie er sich selber nach dieser Vollkommenheit sehnt. Aber nun zeigt sich ein Gegenüber. Seltsam, warum wird der Mensch in dieser Ruhe der 50, in diesem Überfluß des achten Tages gestört? 50 ist doch die Zahl des Jubeljahres, da alles heimkehrt. Ist es die Freude des Himmels, zu erfahren, daß die Liebe alles, aber auch alles besiegt? Ist die Versuchung eine Liebestat? Denn jetzt kommt das Zeichen der 60, das Zeichen der *Waw* in der Ebene der Zehner, das Zeichen des Menschen in dieser Wirklichkeit des Handelns. Und dieses Zeichen, *Samech*, ist die Schlange, die dem Menschen im Wasser, eben in der Zeit, begegnet und ihn versucht. So wie auch dem Hiob der Widersacher gegenübertritt und ihn ins Wanken bringen möchte. Der Neid des Konstruierenden auf den, der geliebt wird, der Neid des Leistenden auf den Beschenkten. Eben, weil geliebt und beschenkt zu werden kausal nicht verdaut werden können. Das Gespräch zwischen *Nun* und *Samech*, zwischen der 50 und der 60, ist etwas Entscheidendes. Warum aber ist der Mensch des *Waw*, der ideale Mensch, in der Welt der Zehner diese verführende Schlange? In der Ebene des Handelns ist die Versuchung für den Handelnden so groß, daß er sich seinen Werken gegenüber als Schöpfer ansieht und andere aneifert mit den Erfolgen dieser Werke-Welt.

So kommt doch auch die Schlange am Freitagnachmittag der Schöpfungswoche und flößt dem Menschen ihr Gift ein, das Gift, das ihn blind und taub macht für die Macht der Liebe, für die Beziehung aus Gefühl und Sehnsucht, statt aus vernünftiger Überlegung. Und gerade im Tun, in dieser Zehnerwelt, ist im Menschen die Kraft der Überzeugung seines Leisten-Müssens so groß, daß er, neben seinem Leben als Fisch, als *Nun*, ein Leben führt als die Schlange im Wasser, als *Samech*. Zwei Seiten! Wir nennen sie den *jezer tow*, die gute Seite, und den *jezer ha-ra*, die böse Seite. Wie beim Baum der Erkenntnis! Der Baum des Lebens dagegen ist das Hinnehmen des Schicksals. Die Seite des Tuns erhält dann den Aspekt der Hingabe an Gott, die Zuwendung zur Herkunft, zum Geheimnis. Und alles bekommt den Atem der Ewigkeit, eben die Erfahrung des Baumes des Lebens!«
Saadja sprach diese Worte. (Saadja bedeutet »Hilfe des Herrn« oder »Stütze des Herrn«.) Sie erregten die Gefährten, aber sie verliehen ihnen auch Stolz. Der Mensch ist wirklich sehr wichtig. Seinetwegen ist die ganze Welt da. Das Wort Gottes ist gebaut mit den Buchstaben des Lebens, unseres Lebens. Wie lieb Gott wohl den Menschen hat, wenn er Sein Wort schon nach diesem Leben des Menschen bildet.
Saadja fuhr jetzt weiter.
»Und schaut doch, *Nun* und *Samech* als die beiden Seiten des Menschen bilden zusammen das Wort *nes*. (*Nes* wird als n-s, also einfach nur *Nun-Samech* geschrieben.) Und *nes* bedeutet Wunder. Denn dieses Zusammensein im Menschen, dieses Ringen im Menschen, ist Grundlage des Begriffes ›Wunder‹. Wenn diese beiden Seiten in *einem* Menschen möglich sind, dann ist jeder Durchbruch durch die Naturgesetzmäßigkeiten möglich. Es ist das Jauchzen des Himmels um die Möglichkeit dieses Menschen – das Hauptergebnis der Schöpfung, das einzige Ergebnis der Schöpfung. Wenn ein Mensch den anderen lieben kann, dann ist die Welt schon in Ordnung. Was sollte noch zählen, wenn die Liebe nicht ist? Alles wäre langweilig, sinnlos. Die Liebe erleuchtet die Welt, gibt allem seinen Ort, und die Welt hat ihren Frieden, ihr Glück. Bedenket dann auch,

geliebte Freunde, daß das Wort *nissajon*, Versuchung, aus diesem Worte *nes*, Wunder, kommt.
Nissajon schreibt man n-s-j-w-n. Das n-s ist der Stamm dieses Wortes. Das *ajon* ist ein immer gebrauchtes Suffix, um einen Begriff zu bilden.
Die Versuchung ist nämlich immer wieder, Wunder als ›normal‹, als ›natürlich‹ oder, im besten Fall, als ›Ausnahme von der Regel‹ zu betrachten. Man betrachtet Liebe als ›selbstverständlich‹, ›Hingabe‹ als verkappten Eigennutz – oder als Wirkung gewisser Hormone. Die Versuchung ist die Versuchung durch die Kausalität, durch die ›Wissenschaftlichkeit‹ – es ist das Leugnen von Beziehungen ohne Absicht. Wo Liebe fehlt, stellt sich Unreinheit ein.«
»Noch eines möchte ich euch erzählen«, fuhr Saadja fort, »*Samech* ist doch ein geschlossenes, rundes Zeichen.

Das Zeichen *Samech* ist wie folgt:

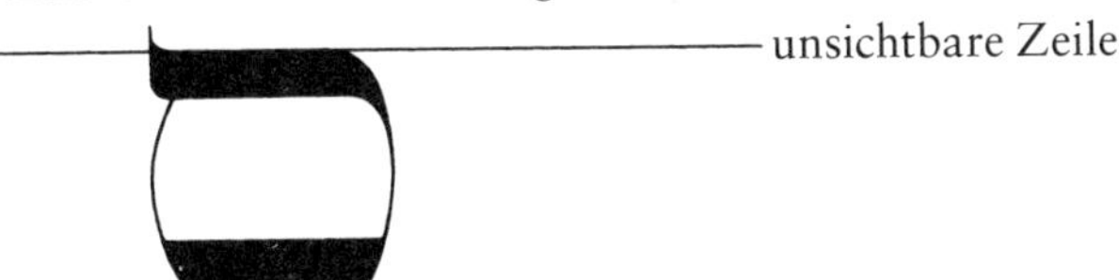

Bei der Schlange schließt alles, ist alles schlüssig, der Kreis ist vollendet. Das ist doch das Verführerische. Man engt die Welt ein, und bald schließt alles perfekt. Das Paradigma ist die List der Schlange. Nun ist aber das Wort Sinai – der jenseitige Ort, wo Gott sich im Wort offenbart – im Stamme aufgebaut aus den Zeichen *Samech-Nun*. Die Wüste dort heißt *sin*, und der Berg hat den Namen Sinai. Was bedeutet diese Umkehrung der Reihenfolge: s-n statt n-s? Wunder offenbaren sich am Sinai. Aber wer hat dort gesiegt? Gleich nach diesen Wundern der Offenbarung tritt doch der Widersacher auf und verführt mit dem ›goldenen Kalb‹. Das ›goldene Kalb‹ heißt doch bei uns *egel*, aber die Buchstaben dieses Wortes bedeuten ja auch ›Kreis‹. (*Egel* schreibt man *Ajin-Gimel-Lamed*, und das Wort für Kreis genauso.) Also hat doch Samech, die böse Seite des Menschen, gesiegt? Was tut der Mensch mit dem Wort Gottes? Es kommen, nach den zersplitterten ersten Tafeln (2. Buch Mose 32. Kap.). zersplittert wegen der Enttäuschung über des Menschen Dienst am ›Kreis‹, die zweiten Tafeln (2. Buch Mose 34. Kap.). Die Tafeln enthalten das Geheimnis der ewigen Struktur des Menschen. Der erste Adam und der zweite? Sündenfall auch hier. Das Wort möchte geliebt und dadurch geehrt werden. Dort, bei *Nun* und *Samech*, erlebt der Mensch entscheidendes Geschehen. Es ist wie bei *He* und *Waw*, bei der 5 und der 6. Erklären kann man hier nicht, nur erleben.«

AJIN – AUGE – DIE SIEBZIG

»Doch, ich möchte jetzt erzählen, daß der Weg weitergeht trotz dieser Schwierigkeiten, zu einer Lösung zu kommen. Und wie er weitergeht! Die Schwierigkeiten herrschen doch nur, weil das Ringen der Liebenden um einander nicht aufhört. Nichts ist entschieden. Wir kämpfen doch den Kampf um Gott. Dauert nicht Jakobs Ringen noch immer fort? (Siehe 1. Buch Mose, 32,23–33.) Es geht hier um alles. Ich will euch aber auf das Jenseits dieses Kampfes, dieses Wunders und dieser Versuchung hinweisen. Denn während dieses Ringen hier immer weitergeht – leben wir nicht gerade durch die Dauer dieses Kampfes? –, erscheint jetzt auf dem Weg des Menschen das Zeichen *Ajin*. Ajin bedeutet ›Auge‹. Und es ist die 70. *Sajin*, die 7, war doch das Schwert – die Waffe für den Weg. Schon dort also ein Kampf. Jetzt, in den Zehnern, erhält der Kampf den neuen Aspekt. Das Auge sieht, nimmt wahr. Das Wort für ›sehen‹ *lautet* im Hebräischen wie das Wort für ›weiden‹, für ›Hirte‹. Im Sehen vereint der Mensch die Vielheit des Gesehenen. Er möchte in seiner Sicht alles zusammenfassen (›sehen‹ ist *roe*, geschrieben *Resch-Aleph-He*, ›weiden‹ und ›Hirte‹ heißen ebenfalls roe, werden aber *Resch-Ajin-He* geschrieben). Wie der gute Hirte, möchte er auch nicht das kleinste Lämmlein aus dem Auge verlieren; die Einheit der Herde wäre gestört. Der Unterschied zwischen dem Worte ›sehen‹ und dem Worte ›Hirte‹ ist, daß das erste ein *Aleph* hat, wo das andere ein *Ajin* hat. Der Hirte faßt auf andere Weise zusammen als das Auge, wenn man das beim Hören der Worte auch kaum unterscheiden kann. Denn so wie *Aleph* lautlos ist, so ist es in gewissem Sinne – als einziger weiterer Buchstabe – auch das *Ajin*. Nur daß beim *Ajin* eine ferne Andeutung eines gutturalen ng anwesend sein kann, das in der Praxis des Sprechens im allgemeinen nicht gehört wird. Es besteht also eine merkwürdige Beziehung zwischen der ›Eins‹ und der ›Siebzig‹. Dem ›einen‹ Israel stehen die ›siebzig‹ Völker gegenüber. Die Bibel und die Überlieferung sprechen oft von den 70 als Zeichen der Vielheit. So wie die 40 als Zeichen der Zeit immer wieder benutzt wird. Bei der 70 steht das Eine der Siebzig gegenüber. So z. B. Mose als der Eine den 70 Ältesten Israels gegenüber. Die ›eine‹ Sprache vor dem Turmbau zu Babel wird zu 70 Sprachen. Noch immer spricht man von den 70 Sprachen, von den 70 Völkern, die aus dem einen Noach hervorkommen; die Überlieferung spricht von den 70 Weisheiten. Es gibt zahlreiche weitere Beispiele. Ich möchte euch verdeutlichen, was nun der Unterschied zwischen *Aleph* und *Ajin* ist und was nun die Auseinandersetzung hier, auf der Ebene der Zehner, bedeutet.«

Obadja sprach schnell, als ob er sonst nicht alles erzählen könnte. (Obadja bedeutet »Knecht des Herrn«.) Man hörte gespannt zu.

»Das Wort für Licht, *or*, spricht sich genauso aus wie das Wort für Haut, für Fell. Aber *or* als Licht beginnt mit *Aleph* und *or* als Haut mit *Ajin*. Man sagt: bevor der Mensch die Frucht vom Baume der Erkenntnis nimmt, ist er mit Licht umkleidet. Und das gibt ihm die Fähigkeit, durch Zeit und Raum, bis in alle Ewigkeiten und Unendlichkeiten zu schauen. Nach dem Sündenfall erhält er das ›Tierfell‹, und das ist nichts anderes als seine Haut. Und das bedeutet, daß seine Sicht beschränkt wird auf den Moment, auf seine augenblickliche Zeit und auf den Ort, wo er gerade ist. Weil der Mensch sich dieser Entwürdigung schämt, bedeckt er seine Blöße vor allem dort, wo seine Einheit in den Ewigkeiten überging in das Erlebnis dieser Ewigkeiten über die Vielzahl der Generationen. Und Gott schenkte ihm die Möglichkeit, sich zu bekleiden, das heißt, er kann jetzt durch seine

Kleidung seine Ansichten, seine Sehnsucht, seine Zugehörigkeit zeigen. Er kann zeigen, wie er sich eigentlich selber sieht und wie er gesehen werden möchte. Die Kleidung gibt ihm etwas zurück von der Qualität, die ihm verlorenging. Auch das Verhalten des Menschen als Mensch gehört zu seiner Kleidung. Das Verhalten nach dem Bild des Tieres macht ihn wieder nackt, wie das Tier nackt ist, das heißt, nicht imstande, sich zu ändern, neu zu sein. Die Haut des Tieres bleibt gleich. Der Mensch kann seine Kleidung ändern. Der entwürdigte Mensch ist nackt wie das Tier. Auch wenn er es selber so mag, die Entwürdigung bleibt.«

Jetzt meldete sich Emanuel zum Worte (Emanuel bedeutet »mit uns ist Gott« oder »Gott ist mit uns«). Obadja schwieg, erleichtert, als sei er froh, sein Pensum erledigt zu haben.

»Wolltest du, Obadja, nicht eigentlich sagen, daß das Auge sehen kann, wie tatsächlich das Zeichen *Ajin* zeigt, nämlich in der ›Siebzig‹, begrenzt, und daß es die Vielheit vielleicht doch auch als ›eins‹ sehen könnte? Nun, im Worte *Ajin* ist diese Potenz zur Einheitssicht gegeben. Hier spielt das Geheimnis vom verborgenen und vom vollen Wert der Worte eine Rolle. Das Zeichen *Ajin* bedeutet Auge. Und das Wort Auge, *Ajin* also, schreibt man im vollen Wert nicht als 70, sondern als 130. Und 130 ist der Begriff der Einheit in der Ebene der Zehner.

Den vollen Wert eines Wortes erhält man, wenn man alle Buchstaben dieses Wortes berücksichtigt. *Ajin* schreibt sich nicht nur mit dem Buchstaben *Ajin* – das ist nur der erste Buchstabe des Wortes *Ajin* –, sondern auch noch mit *Jod* und *Nun*. Im Jenseitigen, wo die Zahlen gelten, stehen dann – wie wir jetzt schon selber aufschreiben könnten – erst 70, dan 10, das *Jod* also, und dann *Nun*, die 50. Zusammen ist das 130. Man unterscheidet in der Sprache, wenn man sie in diesem Sinne gelten läßt, »äußeren Wert«, »vollen Wert« und »verborgenen Wert«. Dem ersten Buchstaben des Buchstaben-Namens entspricht der »äußere Wert« dieses Buchstabens; wenn man aber alle Buchstaben dieses Buchstaben-Namens berücksichtigt, erhält man den »vollen Wert« dieses Buchstabens. Den Unterschied zwischen dem »äußeren« und dem »vollen Wert« nennt man den »verborgenen Wert«. Das Wort

»eins«, hebräisch *echad*, schreibt man *Aleph-Cheth-Daleth*, also 1-8-4, und das ist 13. Auf der Ebene der Zehner ist das 130. Dieser Begriff 130, ein jenseitiger, also qualitativer Begriff, kommt im Sinne einer Einheit öfter vor. So ergibt das Wort Sinai, geschrieben *Samech-Jod-Nun-Jod*, also 60-10-50-10, ausgerechnet wieder 130. Dort, auf dem Sinai, werden Himmel und Erde zur Einheit.

Das Auge *kann* also die Einheit sehen. Man sollte dann aber nicht allein das Sehen des ›Äußeren‹ sehen nennen, sondern das ›verborgene‹ Sehen mit einbeziehen. Das ›volle‹ Auge sieht – mit und über die 130 – die Einheit. Und darum geht es doch! Die Entscheidung ist hier: mit welchem Auge schauen wir? Wie ist unsere Sicht – nur eine äußere oder die volle? Siegt Samech, die Schlange, dann funktioniert nur das äußere Auge. Ist *Nun* im Menschen stärker, der Jehoschua in ihm, dann sieht das ›volle‹ Auge. Das heißt aber, daß das ›volle‹ Auge *auch* das Äußere sieht. Da es aber zugleich auch das Verborgene schaut, ist die Sicht voll, ganzheitlich: mit dem Äußeren das Verborgene sehen und mit dem Verborgenen das Äußere wahrnehmen. Der wahre Hirte sieht also nicht nur die äußere Einheit seiner Herde, sondern ebenfalls die verborgene, und somit das Ganze. Aber wie schwer läßt sich unterscheiden, ob man das Ganze sieht oder nur das Äußere. Ist das *Ajin* nicht praktisch so lautlos wie das gewaltige Zeichen der Einheit, wie das *Aleph?* Wer weiß, ob man wirklich das Verborgene im Leben mit einbezogen hat? Es hört sich fast gleich an. Der Weise aber, der kennt den Unterschied beim Aussprechen – da, wo es ums Leben geht – zwischen *Aleph* und *Ajin.*«

»Wollen wir uns nicht auch das Zeichen *Ajin* ansehen? Ist es nicht merkwürdig? Das *Ajin* vereint, auf einem Fundament, die Zeichen *Waw* und *Sajin.*

Die Form des *Ajin* ist:

Der Mensch als ›6‹ in seiner Urbildlichkeit, und der Mensch als ›7‹, der kämpfende, sich den Weg bahnende Mensch. Der Mensch als *Waw*, auf jener Seite, der von der Schlange versucht wird und fällt; auf dieser Seite der Mensch, der nicht weiß, dafür aber glauben kann. Auf beiden Seiten die Frage: Sehe ich nun wirklich, d. h. das Ganze, oder sehe ich nur das Äußere? Und in der Form des Zeichens erkennen wir also die 6 und die 7. So zeigt sich schon in der Form die 13, welche in der Zehnerreihe im vollen Wert plötzlich auch als 130 hervorkommt. Ein Wunder, die Sprache, erstaunlich, das Wort.«
Esriel, der diese Worte sprach, rang um einen Ausweg. (Esriel bedeutet »meine Hilfe ist Gott«.) Die anderen hörten gespannt zu. Es war wirklich nicht leicht, zu entscheiden, an welcher Stelle des Weges man nun war und sogar, wohin der Weg schlußendlich führen würde. Gibt es ein Ende des Weges? Wo? Hier, in diesem Leben? Aber was ist dieses Leben, wenn immer mehr das Andere, das Jenseitige sich in allem mit manifestiert? Wird es am Ende so sein, daß das Leben endet und zu gleicher Zeit beginnt? Steht die Suche nach einer befriedigenden Antwort vielleicht gar im Widerspruch zum Leben, weil dieses Leben ein noch andauernder Kampf ist? Ein Kampf um Liebe und damit, sagen wir seinem äußeren Wert nach, ein Kampf voller Haß und Grausamkeit? Man darf doch die Augen nicht schließen? Das ›volle‹ Auge sieht doch auch den äußeren Wert? Wie unterscheidet man, wenn man lediglich hört, *Aleph* vom *Ajin?*

PE – MUND – DIE ACHTZIG

»Ihr sprecht vom Hören eines Unterschiedes da, wo er praktisch nicht hörbar ist, und ihr redet vom Sehen, und auch dort herrscht die gleiche Lage: sehe ich nur das Äußere, das, was ich also faktisch sehe, oder sehe ich auch anderes in diesem Äußeren? Wir alle spüren, daß alles sehr unsicher ist.« Paltiel sprach jetzt, ein weiterer Gast dieser Runde. (Paltiel bedeutet »mein Entrinnen ist Gott«.)

»Wir geraten in unserem Leben, nach der Begegnung mit der Schlange, in eine Phase, wo manches unsicher wird. Auch vorher gab es Dynamik, Bewegung – jetzt kommt etwas Neues, man könnte es ein neues Empfinden der Verantwortung nennen. Nachdem sich im *He* auf dem Wege des Menschen die Öffnung für das Jenseits manifestiert und im Hauch des *He* beim Sprechen sich artikuliert und damit im *Waw* das Urbild des Menschen entsteht, wird dieses angegriffen, am Nachmittag des *Waw*, des sechsten Tages, am Freitagnachmittag; und im *Sajin* erkennen wir, daß wir einen Weg gehen *müssen*, daß ein gelobtes Land hinter dem Horizont als Magnet unserer Hoffnungen uns anzieht. Das alles liegt schon tief in uns, als mitgebrachtes Erlebnis aus dem, was wir jenseitige Vergangenheit nennen können. Das sind die Buchstaben auf der Ebene der Einer – eine Schicht, in der das Wunder der Erbmasse gründet. Von weit her – woher eigentlich? – bringen wir Welten, viele Welten, schon mit. In unserer Ebene des Handelns – der Zehner also –, wie sie sich schon zeigt an der Grenze mit dem *Jod*, dort, wo in den Tiefen der Einer das *Aleph* steht, begegnen wir den dem Jenseits offenen Menschen im *Nun;* in *Samech* aber zeigt sich, daß der Mensch sich auch hier, auf der Ebene des Handelns, mit einer Versuchung auseinanderzusetzen hat. Sein Auge hat zwei Möglichkeiten des Sehens. Ist diese Gefährdung, diese Störung – nennen wir sie doch so, denn das ist sie für unser tägliches Leben – aber nicht auch ein Wink, ein Ruf aus der Zukunft, der sagen will: in all diesen Störungen ist nicht nur das Negative, das ihr spürt, es steckt auch eine Überraschung in allem. Ihr seid es wert. Ich habe euch erkannt, ihr seid imstande, die Liebe zu erleben. Und dann werdet ihr das Geheimnis bei mir zu Hause schon als Geschenk empfangen können. Denn was uns jetzt als Lebensphase begegnet, ist das Zeichen Pe, der Mund! Der Mund, der spricht, der Mund der Stimme. Aber ist denn nicht auch das Ohr, das sie vernimmt, der Stimme verbunden? Und kommen nicht aus dieser Verbindung unsere Stimmungen? Somit auch unsere Verstimmungen, und unser Gefühl des Bestimmten und Unbestimmten. Wessen ist die Stimme? Man sagt doch: ›der Mund Gottes hat es gesagt‹. Wir wissen, daß ›Gott spricht, und die Welt ist‹ – die ganze Schöpfung also Gottes Wort ist. Wir kennen die zehn Worte auf dem Sinai, sie bestimmen den Menschen als Wort Gottes. Der Mund des Menschen bringt das Wort hervor, das Auge des Menschen kann erkennen, das Ohr des Menschen vernehmen. Woher kommt das Wort? Wir reden es, woher aber haben wir es? Es ist aus dem Jenseits zu uns gekommen. Es hat sich durchgerungen, trotzt allen Angriffen unterwegs, wie ein Entkommener meldet es sich bei uns. Wie ein Gast. Werden wir uns begnügen, das Wort, die Sprache – ›irgendwoher‹ haben wir sie, sagen wir dann, ›aus unserer Vernunft entwickelt‹, sagt man sogar – als Tatsache zu akzeptieren, zu benutzen und damit unsere Welt zu bauen? Oder gibt es in unserem Leben ein Sich-Sehnen nach einer Begegnung mit dem Geheimnis des Wortes? Ein verlockendes Geheimnis. Ist nicht eigentlich mit dem *Pe* auch die Situation des *Cheth* wieder da? Sind wir zufrieden mit der Tatsache, daß wir Sprache bei uns entdecken, und grenzen wir dann nicht gerne alle anderen Fragen aus, nach dem Reich, wo dieses Wort zu Hause ist? Wo kamen die vielen Gespräche her, seit Jahrtausenden gesprochen, wo sind sie geblieben? Die Menschen alle, die gelebt, gesprochen, gedacht, geweint und gelacht haben. Aus welchem Reservoir kommt das alles, und kehrt es vielleicht nicht dorthin zurück? Wir sprechen die Sprachen unserer Ahnen, lernen, schwer oder leicht, die Sprachen anderer Völker und spüren, daß alle Sprachen eine gemeinsame Wurzel im Menschen haben. Woher ist das alles, ich ertrage es doch nicht, in den Grenzen bloßen Benutzens gefangengehalten zu sein. Ich möchte hinaus, hinüber.«

»Ruhig, du kommst schon hinüber«, sagte Perez (Perez bedeutet »Durchbruch«), »du bist schon hinüber, wenn diese Sehnsucht sich bei dir zeigt. Die Form des Zeichens *Pe*, wie sie ebenfalls aus unserem Jenseits zu uns kam, sagt doch schon, daß erst durch unseren Mund das Handeln sich mit seinem Ursprung zeigt. Im Wort, und das heißt in allem, was wir tun, denken, phantasieren, meditieren, im Wort, das immer jede Gestalt annehmen kann, je nachdem wir denken, uns sehnen, lachen oder weinen, im Wort manifestiert sich erst der Sinn des Handelns, der Sinn dieser Zehner-Reihe der Buchstaben. Ist im Munde nicht das *Kaf* als Behälter für das Geheimnis des *Jod*, des Neugeborenen, da?

Das Zeichen *Pe* ist wie folgt:

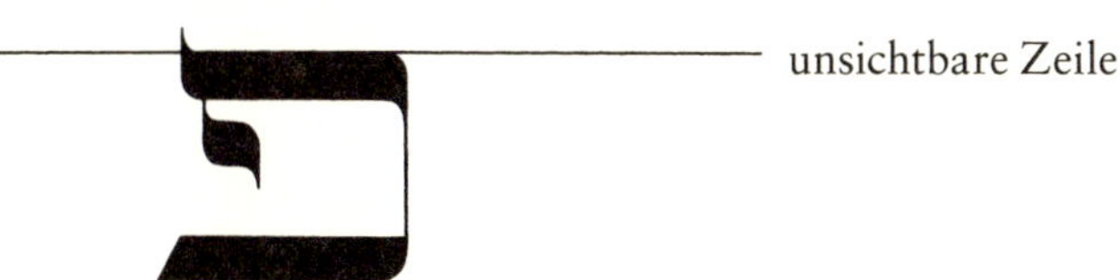

Man sieht also das *Kaf* und in ihm das umgekehrte, also das untere *Jod*. Um Kindern das Zeichen einzuprägen, sagt man ihnen, das *Kaf* sei der Mund und das umgekehrte *Jod* die Zunge. Schließlich ist doch der Mund das Offenbare und die Zunge das Verborgene. Und das hebräische Wort für Zunge, *laschon*, bedeutet auch Sprache. Die Sprache ist im Mund verborgen wie das *Jod* im *Kaf*.

Und ist dieses *Jod* nicht das aus dem Jenseits im Vergangenen zu uns Gekommene? Merkwürdig, der ›Mund‹ enthält die ›Hand‹ in beiden Phasen, als *Kaf* und als *Jod*, als diesseitig und als jenseitig. Läßt man nur das *Kaf* gelten und nicht das Geheimnis des *Jod*, dann sagt man, man benutze das Wort zu irgend etwas, es bedeute ja weiter nichts. Und dann hat man eben das *Jod* nicht berücksichtigt.«

»Das gilt aber nicht nur beim Sprechen«, meinte Pesach, »denn das Wort als Ursprung unseres Denkens, Handelns, Fühlens geht doch durch unser ganzes Leben.

> Pesach (»Passa«) bedeutet »überspringen«, und das ist identisch mit »als Ausnahme erkannt«. Pesach bedeutet also »Ausnahme«. Die Erlösung des Pesach ist da, wenn auch im Menschen »Israel«, die Dimension Israel, nämlich Geist und Seele, als die immer gegenwärtige Ausnahme vom Gesetz des Körpers erlebt wird.

In allem könnte man dieses Verborgene, dieses *Jod*, erkennen. Gewiß, man kann auch nur das *Kaf* erkennen und sich ›über die Kinder ärgern‹. Ja, diese ›Kinder im Lehrhaus‹ – gibt es sie nicht überall? Und Pharao, Nimrod, Haman, Herodes, die die Kinder töten wollen, erkennt man nicht auch sie überall?«

»Was ist aber mit der Speise, die doch durch den Mund hineingeht?« meinte nun Petachja (Petachja bedeutet »Öffnung des Herrn« oder »Tür des Herrn«). »Es wird doch so manches erzählt über Speise, die man zu sich nehmen, und andere, die man nicht aufnehmen soll. Ich glaube, wir sollten hier auch davon sprechen. Warum es übergehen? Wir müssen eigentlich hier schon vorgreifen. Denn kommt nicht in der höheren Reihe der Hunderter, in der Reihe des verborgenen Jenseits der Zukunft, das Zeichen *Schin*, also der ›Zahn‹ vor? Der Zahn, der für die Aufnahme der Speise so wichtig ist. Dieser Zahn ist doch das göttliche Geheimnis schlechthin in den Buchstaben des Lebens. Ich weiß, wir kommen bestimmt noch dazu, von diesem *Schin* zu sprechen. Aber es wäre wichtig, jetzt schon festzustellen, daß mit dem Essen etwas gemeint wird, was wir erst in der Reihe des Kommenden verstehen können. Wer also das Essen nur als wichtig in seiner Nützlichkeit oder als Fest des Gaumens erkennt, der hat nicht nur das Verborgene hier verkannt, er weiß auch nichts vom Geheimnis des Kommenden! Wie ist so etwas nur möglich? Die Leute essen, töten damit Leben von Pflanzen und Tieren, zerreißen die Wunder der Schöpfung, einfach zu ihrer Lust, aus einem weiter nicht durchseelten Bedürfnis, und finden dies selbstverständlich. Sie fragen sogar: Was sollen wir denn tun, wir müssen uns doch ernähren?«

»Warte nur, Petachja«, fiel Pinchas ihm ins Wort.

Pinchas (»Pinehas«) bedeutet »eherner Mund«, also eigentlich »Mund aus Kupfer«. Kupfer hat aber im Hebräischen als Stamm das Wort »Schlange«. Schlange schreibt man n-ch-sch, Kupfer n-ch-sch-th. Pinchas wird in der Überlieferung als identisch mit dem Propheten Elia gesehen. Er ist dort auch der Verkünder des Messias. Man sagt in der Überlieferung, Elia lebe immer, in jeder Zeit. Elia ist nicht erkennbar durch ein besonderes Äußeres, er kleidet sich entsprechend den Gebräuchen der jeweiligen Zeit und Umgebung. Man kennt ihn nur als den Verkünder guter Nachrichten, als Retter aus mißlichen Situationen. Denn der Erlöser hat in den Taten des Elia seinen Vorboten. Gerade das »normale« Äußere hält also den Elia verborgen. Und dieses Verborgene ist dann die freudige Überraschung. Das hebräische Wort für »salben« *maschach*, schreibt man mit denselben Buchstaben wie das Wort »freuen«: m-sch-ch und sch-m-ch. im Verborgenen ist die große Überraschung der staunenden Freude enthalten. Die Auserwählung des Pinchas sieht die Überlieferung im Geschehen des 4. Buches Mose, Kap. 25, angedeutet.

»Ich bin doch selber schon ein Aufgeregter, ein Zorniger. Ich weiß wie kaum ein anderer, was die Versuchung der Lust bedeutet. Ist es nicht immer wieder diese aggressive Entscheidung, das sich Zeigende zu wählen und damit das bescheiden Verborgene zu übergehen? Ist wahre Liebe nicht gerade still, schweigend, hoffend? Wir werden sie aber erkennen. Unser Lebensweg führt zu dir. Laßt jetzt den Zadok sprechen.

Zadok bedeutet »der Gerechte«. Eigentlich aber bedeutet dieses Wort »Fischer«, nach dem Buchstaben *Zade*, woraus es gebildet ist. *Zade* bedeutet »jagen«, aber *Zade* ist auch der

Angelhaken, womit also die Fische gefangen werden. Ein Gerechter ist derjenige, der die Menschen aus dem Wasser fischt, aus der Gefangenschaft im Zeit-Räumlichen. Das Wasser – die Zeit und den Raum – erhält man als Nahrung auf dem Wege. Man ist aber nicht in diesem Wasser gefangen.

Schaut, er ist schon bereit. Es ist mir eine Freude, ihn bemerkt zu haben. Wir wollen jetzt still sein und ihm zuhören.«

»Ihr versteht mich aber nicht ganz«, sagte Pesach. »Ich meine, daß es sich, wenn der Mund spricht und die Stimme gehört wird, nicht nur um die Laute handelt, die man hört. Wichtiger sind die Obertöne, wichtiger ist das ganze Timbre der Stimme, eben die Stimmung der Stimme. So auch beim Denken, beim Verhalten, beim Phantasieren. Was sagt die tiefere Stimme eigentlich? Was ist nicht nur das *Kaf* des Verhaltens, ich frage vielmehr: Was ist auch das *Jod*, das Verborgene, dieses Kind im Verhalten? Denn auch bei uns ist dieses Kind verborgen. Hört man aber dieses Kind heraus? Fragen wir wirklich nach dem Vers, den dieses Kind an diesem Tag im Lehrhaus gelernt hat?«

ZADE – ANGEL – DIE NEUNZIG

»Genug«, meinte jetzt Zadok, »genug, ich verstehe euch wirklich. Der Weg hat uns jetzt – durch das Wunder und durch die Versuchung des *Nun* mit dem *Samech* auf unserem Weg – doch so weit geführt, daß wir hier in dieser Trübung durch Zeit und Raum nichts Weiteres mehr erfahren können, als daß es ein Äußeres und ein Verborgenes gibt. Nach dem *Cheth*, der 8, kommt doch auch ein Schluß, kommt die Versenkung des Samens, dessen also, was sich auf dem Vorherigen im Kommenden fortsetzen wird. Jetzt, bei den Zehnern unter den Buchstaben, jetzt, da der Weg in Zeit und Raum gegangen wird, im Jetzt, würde also auch ein Neues – wie im Samen – sich ankündigen müssen. Und das tut es auch. Wie wunderbar sind schon die Bausteine des Sprechens, wie gewaltig können die Paläste sein, die mit diesen Bausteinen errichtet werden. Wirklich, mit solchen Bausteinen brauchen wir nicht selber zu bauen, solche Bausteine sind selbst schon voller Kraft und Schönheit. Diese Steine fügen sich schon von selbst zu den prächtigen Palästen. Schaut, jetzt erscheint auf unserem Weg das Zeichen *Zade*, und ist das nicht der Haken, mit dem die Fische aus dem Wasser gezogen werden? Leben wir nicht, biblisch gerechnet, jetzt im Zeichen der Fische, und steht nicht das Zeitalter des Wassermanns unmittelbar bevor? Schaut, wir nennen dieses Tierkreis-Zeichen *dli*, und *dli* ist ein Schöpfeimer, mit dem das geschöpfte Wasser ausgegossen wird. Wir kennen doch am *Sukkoth* das *chag ha-schoëwa*, das Fest, an dem das Wasser ausgegossen wird.

Sukkoth ist das Laubhüttenfest. Es heißt so nach der *sukka:* ein Haus mit einem aus Zweigen bestehenden Dach, das nicht fest verfugt ist, so daß es das Licht von außen durchläßt. Eine Definition für diese *sukka* ist, daß man in ihr in der Nacht das Licht von Mond und Sternen erkennen kann. *Sukkoth* ist genau 6 Monate nach Ostern. Diese beiden biblischen Feste teilen das Jahr in zwei Hälften.

Das *chag ha-schoëwa* ist am Abend, am Anfang des zweiten der acht Tage dieses Festes. Man erzählt, im Tempel – jetzt also jenseitig zu unserer Welt – werde Wasser geschöpft und unter unbändiger Freude ausgegossen. (Mehr hierüber u. a. in »Schöpfung im Wort«, Zürich 1994, sowie vor allem auch in »Das Buch von Zeit und Ewigkeit. Der jüdische Kalender und seine Treste«.)

Das Wasser wird unter unvorstellbarer Freude ausgegossen, bei der die Weisen eine Ausgelassenheit zeigen wie sonst nur Kinder. Wenn das Wasser sich an einem Ort sammelt, wie die Schöpfungsgeschichte es für den dritten Tag erzählt, wird das ›Trockene‹ sichtbar. Man erblickt, was der Raum und die Zeit immer zugedeckt hielten. Die Überraschung ist vollkommen. Die Kriege von Gog und Magog sind zu Ende, der Körper wird durchsichtig und durchlässig, die 70 Stiere sind als Korban dargebracht, das Dreschen des Korns und das Treten der Trauben ist vorbei.

Nach der Überlieferung sind die Kriege von Gog und Magog dann zu Ende. Die Überlieferung sieht diese Kriege, d.h. die allgemeine Verwirrung, die Aggression von jedem gegen jeden, als die »Geburtswehen der messianischen Zeit«. Erlösung ist – wie jede Empfängnis – erst ein Hineingehen in Finsternis und Panik. Der Zahlenwert der Buchstaben von »Gog und Magog« ist 70. Das will sagen, daß die Hülle, das, was das Auge, *Ajin*, als Äußeres sieht, weggenommen wird. Daß es sich selber aufhebt, wie in einem Krieg aller gegen alle. Dies ist auch identisch mit den 70 Stieren, die an diesen Tagen in dieser Vollzahl geopfert werden. Das gleiche zeigt sich im Dreschen des Korns und im Treten der Trauben. Die Hülle wird weggenommen, der Kern wird frei. Man nennt *Sukkoth* auch das Fest des Einsammelns.

Man braucht die Hülle nicht mehr. Sie war als Schutz des Verborgenen da; Schutz eigentlich, damit wir nicht erklären können, wozu dies alles war, sondern damit wir selbst die Beziehung suchen könnten und entdecken würden, was die Macht der Liebe in der Schöpfung und in unserem Leben bedeutet. Schutz zugleich, damit wir nicht in Versuchung geraten, ein System errichten zu wollen. Ein System ist erstarrt, ist ein ›Bild‹, das man vergötzt. Gott aber sagt: ›ihr habt kein Bild von mir gesehen, ihr habt nur die Stimme gehört.‹ (Nach 5. Buch Mose 4, 12.) Gott zeigt sich in der Wolke nicht in einer festen Form. Und an *Sukkoth* verspeisen wir den *Leviathan*, den Ur-Fisch.

Der Leviathan, der Ur-Fisch in den Ur-Wassern, ist kein historisches Phänomen, sondern ein bleibend jenseitiges. Das Leben des Menschen in der Zeit wird durch den Leviathan ermöglicht. ›Wenn der Leviathan nur eine Flosse rühren würde, würde diese Welt zusammenbrechen‹, sagt deshalb die Weisheit der Überlieferung. Der Name Leviathan besagt schon, daß er das Bild dessen ist, was den Menschen durch die Zeit hindurch begleitet. Leviathan ist aus dem Worte *Levi* und *Levaja* gebildet, die ›begleiten‹ bedeuten. Der Levi in Israel ist es, der den Menschen auf dem Weg durch die Wüste geleitet in den Personen Mose, Aharon und Miriam. Und der Levit – der Priester stammt auch von Levi – geleitet den Menschen auf seinem Weg durch den Tempel bis ins Allerheiligste.

Das Leben im Wasser ist zu Ende. Es ist jetzt, wie der Leviathan, Teil unserer Existenz geworden. Und wir verspeisen bei dieser Mahlzeit mit dem Sohn Davids auch den *Schor ha-Bor*, den Ur-Stier, das, was ebenfalls Grundlage unserer Existenz war.

Der *Schorha-Bor*, der Ur-Stier, steht als Ur-Bild in der Welt des Trockenen, dort, wo sie sich in einem permanenten Kampf mit der Welt des Wassers befindet. Es ist die Auseinandersetzung zwischen den beiden paradoxen Seiten, solange der Weg des Menschen dauert. So wie der Weg immer gemessen wird zwischen Anfang und Ende, so ist alles während des Weges paradoxal. Die Überlieferung erzählt, wie bis zum Ende der Tage, also bis diese Zeit vorüber ist, zwischen diesen beiden Ur-wesen ein fortwährender, heftiger Kampf herrscht. Der *Schor ha-Bor* bedeutet eigentlich »der reine Stier«, denn der Stier kommt doch im Laufe der Zeit immer mehr heraus aus seiner teilweisen Verborgenheit. Am Ende ist er ganz da, und dann heißt er »der reine Stier«. Beide, der Leviathan und der *Schor ha-Bor*, werden, wie es heißt, bei der messianischen Mahlzeit von den Zadikim am Tische des Messias verspeist. Dem Menschen kommt alles zurück, bis in sein Wesen hinein, was je in der Zeit und in jeglichem Raum da war. Alles wird eingesammelt.

Auch das ist künftig *in* uns, ein Teil unseres Lebens. All das gehört zum *Sukkoth*, zum Ausgießen des Wassers, zum Ende der Zeit. Jetzt sind auch die Fische auf dem Trockenen. Herausgefischt aus der Zeit, in die Ewigkeit. Wie der Segen Jakobs für die Söhne Josephs doch auch lautet: ›und ihr werdet euch mehren wie die Fische in der Mitte der Erde‹. (1. Buch Mose 48, 16.) Und man sagt, das bedeute, man lebe nicht mehr im Wasser wie die Fische, umschlossen von ihrem Element, unsichtbar, und unerreichbar für das böse Auge, sondern man entdeckt jetzt die ganze Welt außerhalb des Wassers. Die Welt, in der der Mensch nun lebt, die helle, schöne Welt. Der *Leviathan* und der *Schor ha-Bor*, beide sind im Menschen. Das ist die Bedeutung des Fischfanges. Der Zadik ist also der Fischer.« Zwi wagte kaum zu sprechen.

Zwi bedeutet »Hirsch«. Der Name Zwi wird oft mit David verbunden; weil David als der »Vater« des Messias wie ein Hirsch eilt. Man vergleiche mit »Menachem Mendel«.

Seine Stimme erklang nur schwach und kaum hörbar. Seine Bescheidenheit war echt, er selber glaubte am meisten, daß er eigentlich nichts Besonderes an sich habe. »Durch sein Leben, nicht durch seine Worte, zieht der Zadik die Menschen aus der Gefangenschaft in Zeit und Raum. Doch spricht man vom Fangen der Fische. Wie sich alles hier als Gegensatz äußert. Befreiung, Erlösung – aber als ›Fische‹ fühlen wir uns dabei wie Gefangene im Netz, wie Geköderte am Haken. Und doch ist es Befreiung. Und das wissen wir auch irgendwie, wenn auch nicht bewußt. In unserem unbewußten Wissen nehmen wir das Altern, das Schwächer-Werden und sogar den Tod hin, wie man etwa neue Lebensphasen akzeptiert, neue Wohnorte, einen neuen Beruf, auch wenn diese uns nicht begeistern. Zwei Richtungen des Fisches, und deshalb zeichnen wir auch die Fische im Sternzeichen der Fische als in entgegengesetzter Richtung schwimmend. Der eine nach links, der andere nach rechts. Eben, wissen tun wir nichts, aber leben tun wir doch. Und der Zadik *kann* bei seinem Fang nicht viele Worte sprechen. Seine Stimme würde auch von den Fischen gar nicht gehört. Wie könnten sie – ich rede nicht von einigen merkwürdigen Ausnahmen – den Fischer hören? Dort im Wasser, in der Zeit, ist man wie taub für die Stimme von außerhalb. Der Zadik lebt deshalb still, bescheiden; man weiß eigentlich nie, ob jemand ein Zadik ist. Er mag es sein oder auch nicht. Alles, was man aus der Zeit heraus angeht, ist im Zeichen des Fisches, der gefangen wird. Und das meiste stiebt davon oder widerstrebt. Aber da der Fisch wohlschmeckend ist, verlockt er dennoch unbewußt zum Fang. Man hat Angst vor der anderen Welt und redet doch fortwährend von ihr als Erlösung. Wird nicht auch Moses aus der Zeit, aus dem Wasser des Flusses ›gefangen‹ durch *Bathja*, die Tochter Pharaos, die ›Tochter des Herrn‹, wie ihr Name sagt? Unser sehnsüchtiges Sprechen von der Erlösung macht unser Fleisch schmackhaft, für den Fischer verlockend. Können wir aber anders? Wirklich, die Fische schwimmen so und schwimmen so. Wie doch alles wunderbar, bis ins kleinste Detail, zusammenhängt! Das Wort Gottes macht die Welt, und dann ist sie eine Einheit, wie Gott Einer ist.«

»Wie bezieht sich nun das Zeichen *Zade* auf dieses Fangen der Fische?« fragte Zemach, klein, bescheiden, so wie er auch aussah.

Zemach bedeutet »wachsen«. Es ist einer der Namen des Messias. Im Wachstum manifestiert sich die Erlösung. Aus der Erde, aus dem Verborgenen, sprießt es hervor, wächst, ändert sich, und am Ende ist die Freude da.

»Darf ich dazu etwas sagen? Das Zeichen *Zade* zeigt doch wiederum, wie das *Ajin*, ein Zusammenwirken von *Waw* und *Sajin*. Es sieht fast so aus wie ein von der Seite her umgedrehtes *Ajin*.

Beim Zeichen Zade steht rechts das *Sajin*, links das *Waw*. Die Basis wendet sich beim *Zade* nach links, beim *Ajin* nach rechts.

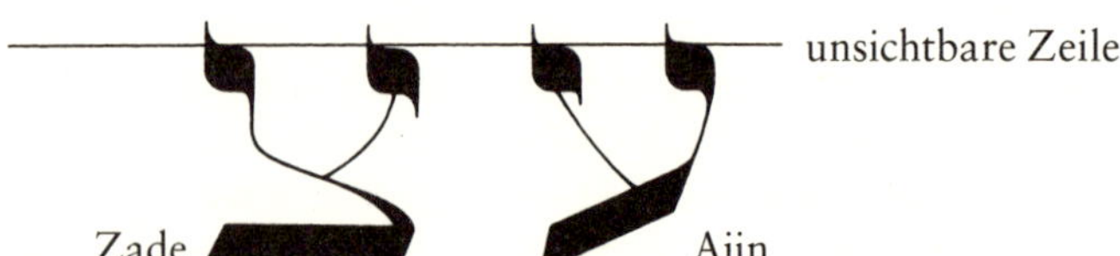

Die Welt dreht sich um. Was man zu sehen glaubte, zeigt sich jetzt von der anderen Seite. Es kündigt sich etwas an, das neu zur Geburt bereit ist. Man wird jetzt aus der Sicht des *Ajin* herausgezogen. Sie ist nicht die einzige. Da ist auch noch das Geheimnis des Baumes – *ez* –, der mit den Buchstaben *Ajin* und *Zade* geschrieben wird. In diesem Wachstum, im ersten, das sich als Wachstum zeigt, sind die beiden Seiten vereint. Deshalb spricht die Thora auch von den Bäumen im Paradies, im Garten Eden. *Ajin*, die Sicht auf das Leben, und *Zade*, das Hinausgezogenwerden aus dem Leben. Welch ein Paradoxon! Abraham erhält von Gott das Versprechen, daß sein Sohn ewig die Erde besitzen werde, und derselbe Gott sagt ihm, er solle diesen Sohn aus der Welt, aus dieser ihm gerade versprochenen Welt, wegschicken. Der Sohn frägt ihn denn auch: ›Hier ist das Feuer und die Bäume, und wo ist das Lamm zum Aufstiegs-Opfer?‹ (1. Buch Mose 22, 7 und ganzes 22. Kapitel). Ich übersetze mit ›Bäume‹; man übersetzt gewöhnlich mit ›Hölzer‹. Aber im Hebräischen ist es exakt das gleiche Wort. Und weiter wird erzählt, wie Abraham den Isaak auf die Hölzer legt, auf die Bäume. Diese Mehrzahl weist doch auf das Geheimnis der *beiden* Bäume hin. Denn man kann den Baum sehen als den Baum der Erkenntnis und als den Baum des Lebens. Beide Seiten sind da. Wenn man nur eine Seite sieht, frägt man nach gut oder böse; wenn man beide Seiten sieht, dann lebt man; hier und dort. Ist nicht auch das ein Versuch, Liebe zu erwecken und den nüchternen Verstand etwas zum Schweigen zu bringen? Unser Leben nur kann Antwort geben, denn die Fragen sind unlösbar für unsere Vernunft. Ich muß lachen, Freunde, denn ich spüre, Liebe kann also nur unvernünftig sein.«

V.

DAS JENSEITS DER ZUKUNFT

– Die Zeichen: Reihe der Hunderter –

KOF – NADELÖHR; AFFE – DIE HUNDERT

Aus dem Hintergrund lösten sich einige jüngere Leute. Sie sahen gut und kräftig aus. Sie traten nach vorne, begierig, sich jetzt an den Gesprächen am Tisch zu beteiligen. Als erster trat Kehath heran (Kehath bedeuet »Versammlung«. Kehath ist in der Bibel einer der drei Söhne Levis, der Großvater von Mose.)

»Aus dem Zeichen *Zade* wird eine neue Reihe, eine neue Welt geboren. Aus *Teth*, dem 9. Zeichen, kommt die Reihe der Zehner; aus *Zade*, der 90, kommt die Reihe der Hunderter. Die Fische kommen in eine neue Welt, eine Windung höher. Ist nicht alles im Bilde des Schneckenhauses, der Spirale? Dort wiederholt sich das Vorherige, aber eben in einer neuen Ebene. Jetzt aber geht die Reihe nicht bis zur 900; sie endet schon mit der 400. Man sagt doch, damit wäre die 1000 erreicht, denn die 400 enthält doch als Verborgenes die 300, 200 und 100. Wie *Daleth*, 4, die Türe ist und *Mem*, 40, der Zeitstrom, der doch schließlich zur 400 führt, so ist diese 400 ebenfalls eine Türe. Sie führt in nicht mehr Sichtbares. In etwas, das sich unserer Sicht entzieht. Die ›500‹ ist schon jenseitig. Die Distanz von der Erde zum Himmel nennen wir ›500‹. Nur bis zur 400 können wir uns noch etwas vorstellen. Weiter, bei der 500, ist für uns schon das Nichts – wie dieses ›Nichts‹ auch im Anfang dasteht. Im Anfang, *vor* dem

Anfang, das Lamm – am Ende, nach dem Ende, wieder das Lamm. ›Gott wird schon das Lamm ersehen‹, sagt Abraham zu seinem Sohn. (1. Buch Mose 22,8.) So ist das erste Zeichen dieser dritten, letzten Reihe das *Kof*, und dieses *Kof* bedeutet sowohl Nadelöhr als auch Affe. Will das nicht schon vom Worte her hinweisen auf die Bedeutung dieses Überganges? Denn könnten wir nicht auch sagen, die Reihe der Einer sei das Vergangene (der Ursprung im Jenseitigen), die Reihe der Zehner das Jetzt (die Welt unseres Tuns in Zeit und Raum) und die Reihe der Hunderter die Zukunft (das ›Eschatologische‹ die ›Kommende Welt‹, die Heimkehr ins Jenseits)? Man kommt nicht in die zukünftige Welt, im Leben ertönt nicht das Lied der Zukunft, das Lied, das die Seele singt, die *neschamah*, wenn man nicht alle Vernunft-Überlegung zur Seite schiebt.

Die *neschamah* ist der göttliche Odem im Menschen, die Seele, durch die er als Mensch im Bild und Gleichnis Gottes lebt. Der *neschamah* entspricht die Melodie, die Betonung des Satzes; die *neschamah* verbindet somit mehrere Worte zu einer Einheit, wie die Seele des Menschen die verschiedenen Erscheinungsgestalten seines Lebens – Leben auf verschiedenen Ebenen – verbindet. Die Konsonanten, als Körper, zeigen im Erscheinenden die Herkunft aus dem Jenseits; das Diesseitige, ohne diesen »Gottgleichenden« Körper ein Chaos, erhält jetzt eine Ordnung, die erste Andeutung auch eines Weges. Dieser Körper, wie die Konsonanten, wird der Träger des Geistes und der Seele. Die Vokale, als das Jetzt, als *ruach*, Geist, verbinden Körper und Seele, sie sind in ihrer Ebene der Weg aus der Vergangenheit der Knechtschaft in Ägypten in die Zukunft des Garten Eden. Die Melodie des Sprechens aber kommt aus dieser Zukunft hervor, es sind die Lieder, die die Leviten singen beim Näherbringen der Existenz zu Gott im Allerheiligsten. Dem Leben des Körpers, dem »Leiben«, dem Leib, entspricht der Ausdruck *nefesch*, der meist auch mit »Seele« übersetzt wird. Das Diesseitige der Seele ist also *nefesch;* ihr Jenseitiges ist die *neschamah*, an der anderen Seite zu Haus. Das Wort aber enthält in seinen Konsonanten, Vokalen und der Betonung Körper, Geist und Seele in einem.

Die Konsonanten erhalten ihren Weg und ihren Sinn durch Vokale und Melodie. Indem der Körper sie trägt, können sie hier sein; und der Körper wird durch sie zum Leben gebracht und geheiligt. Damit zeigt sich das Geheimnis und die göttliche Herkunft des Körpers.

Nichts bringt man mit vom Reichtum, gesammelt in diesem Leben der weltlichen Erfahrungen. Nur die Liebe, die Freude, geliebt zu haben und vielleicht auch geliebt worden zu sein. Das ›Kamel‹, das den Weg geht, ohne zu fragen, das sich bescheiden und keusch gibt (das Kamel gilt in der Überlieferung als keusch), das kommt durch. Das *Kof* unterscheidet klar zwischen dem Menschen, der seine Herkunft vom Himmel kennt, spürt, lebt, und dem Menschen, der seinen Weg nur als irdischen Mechanismus sieht und der im ›Affen‹ den Höhepunkt erreicht hat. Im Irdischen ist der Affe König, vom Himmlischen her ist es der Mensch. Ein ›Nichts‹ unterscheidet sie, und Unermeßliches trennt sie. Nichts, was als groß gilt in der quantitativen Welt, geht durch das Nadelöhr, nur das ›Kind‹ im Menschen kann hindurch. Wie ein Kind, machtlos, aber bereit, Liebe zu empfangen, geht der Mensch von der Welt des Handelns, vom Jetzt, hinüber in die Welt der Zukunft, welche ihn an das Tor zum Unsichtbaren führt. Das Zeichen Kof zeigt doch auch neben dem *Kaf*, der tuenden Hand, das Schluß-*Nun*, das Zeichen jenes Menschen, der sich auf seinem Weg durch die Welt der Zeit doch schon in der Vollendung sieht, der schon in dieser Welt die kommende erkennt.

Das Zeichen *Kof* ist:

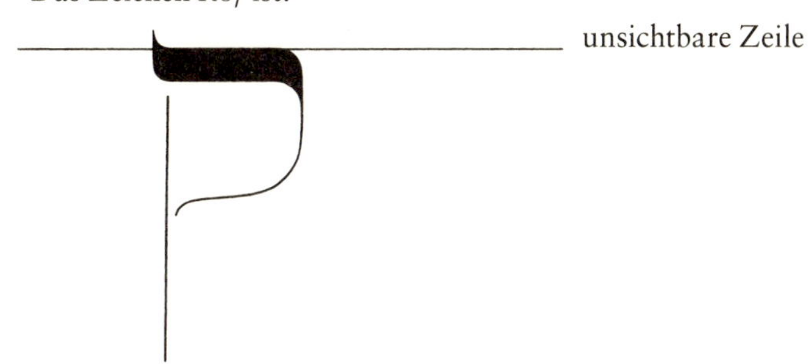

Heißt nicht der Jehoschua ›Sohn des Nun‹, und schreibt man dieses ›Nun‹ nicht mit einem normalen *Nun* (am Anfang), einem Schluß-*Nun* (am Ende) verbunden durch das *Waw?* Das Zeichen *Nun* selber schreibt sich doch genauso.

Hebräisch sieht es also wie folgt aus:

נון = *Nun-Waw-Nun.*

Hebräisch liest sich, wie wir schon wissen, von rechts nach links.

Das *Kof* zeigt die Größe des Tuns beim schon in der Zeit vollendeten Menschen. Diesen Menschen nennen wir doch auch Zadik; schon in der Zeit ist er ja der Fischer, und gilt darum auch als Herr über das Zeichen *Kof*. Er bestimmt den Übergang in die neue Reihe mit.«

RESCH – HAUPT – DIE ZWEIHUNDERT

»Ja, es ist dem Menschen bestimmt, *doch* durchzukommen durch das ›Nadelöhr‹. Denn für den Sünder ist ja das Wunder der Gnade da. Sobald er – zurückschauend – bereut, wird er dennoch aufgenommen. Voller Spannung erwartet ihn der Himmel. Und wer bereut schon nicht, wenn er zu sich kommt? Mit dem Tod ist doch auch das Gift der Schlange fort. Und wer weiß, wie oft im Leben der Mensch zu sich kommt. Gott aber weiß es, und Er ist im gleichen Moment da, und der Mensch lebt. Gott will doch nicht die Welt als Ort der Strafe, die Welt ist doch erschaffen, um der Freude einen Ort im Gegenüber zu geben. Ist nicht das Zeichen *Resch*, die 2 in der Ebene der Hunderter, schon ein Hinweis auf diese Reinigung? Denn nach dem Zeichen *Beth* kommt das Zeichen *Kaf* und nun das *Resch*.

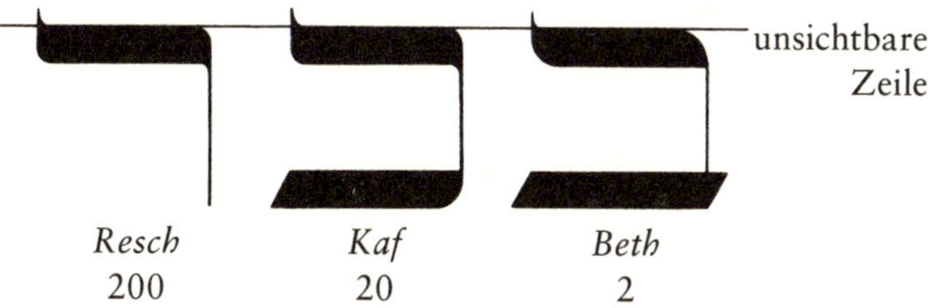

Fort ist das Gewicht der unteren Welt, nur die Sehnsucht hinauf, in die Ausdehnung oben, in die oberen Wasser, in den Himmel, ist noch da. Und dieses *Resch* schreibt sich doch genauso wie *rosch*, ›Haupt‹. Das Obere erscheint als die eigentliche Qualität des Menschen. Im Oberen ist alles enthalten, was unten ist. Jetzt erfährt man es. Dieser Moment im Leben kommt. Die Zeichen, die Buchstaben, erzählen es auf ihrem Weg. Wie der Kopf den Körper dirigiert, so herrscht das Reich des Himmels über das Reich dieser Welt. Aus der Zukunft lebt es schon im Heute. Der Kopf des Menschen zeigt es. Mit diesem *Resch* macht Gott die Welt. Heißt es nicht be*resch*ith? Wir übersetzen oft: ›im Anfang‹. Aber eigentlich kann man genauso sagen: ›im Kopf‹ oder, verständlicher, ›in der *Haupt*sache‹.

> Das Wort »im Anfang« schreibt man *Beth-Resch-Aleph-Schin-Jod-Taw*, und Haupt schreibt man: *Resch-Aleph-Schin.* »Haupt« ist also, auf diese Weise gesehen, der Stamm des Wortes »im Anfang«. Und Anfang selber ist dann hier besser mit Hauptsache übersetzt, das Wort *reschith*, also *Resch-Aleph-Schin-Jod-Taw.*

Und ist es nicht merkwürdig, daß dieses Wort *bereschith* nach diesem *Resch* die beiden letzten der 22 Zeichen schon enthält? Denn *Schin* und *Taw* sind mit dem Zeichen *Resch* doch die einzigen Konsonanten im Worte *reschith*, das Anfang oder Hauptsache bedeutet. *Aleph* und *Jod* sind zwar selbstverständlich auch Konsonanten, werden aber nicht als solche gehört – *Aleph* überhaupt nicht, und *Jod* ist an dieser Stelle des Wortes, wie so oft im Hebräischen, nur Träger eines Vokals.«

Raphael hatte diese Worte gesprochen (Raphael bedeutet »Gott heilt«). Man fühlte, das Ende näherte sich, nicht nur das Ende der Reihe. Es wurde klar, ein Rätsel kam immer näher. Denn wie würde die Reihe schließen? Und was dann? Es war, als ob es sich um das Leben selber handelte. Auch dort spürt man das Ende näherkommen. Und auch dort stellt sich die Frage: und was dann? Mit der 400 würde es enden. Ist die 400 wieder ein Tor, so wie die 4, und führt sie – wie die 40 – wieder nur weiter in ein anderes Leben hinein? Die Spannung nimmt zu, zugleich auch die Resignation, wie im Alter. Und auch wieder so etwas wie freudige Sicherheit, ebenfalls wie im Alter.

SCHIN – ZAHN – DIE DREIHUNDERT

Schlomo zeigte dieses, man kann nur sagen, erhabene Wissen, diese ausstrahlende Sicherheit.

Schlomo ist das hebräische Wort für Salomo, und es bedeutet »ihm ist Vollkommenheit« oder, was auf dasselbe herauskommt, »ihm ist Frieden« oder »sein Friede«.

»Freunde, mit dem jetzt kommenden Zeichen *Schin* fängt tatsächlich ein Fließen an, ein Fließen, das wieder hinausführt. das hinüberführt. Denn mit dem darauffolgenden, dem letzten Buchstaben bildet sich das Wort *sch-th*, und das ist der Stamm des Wortes trinken. Aber auch der Grundstein der Welt, das Fundament des Alls, der ›Stein‹ *schthija*, wird ebenso geschrieben mit sch-th und ja, dem Namen des Herrn als Schluß. So gelesen, heißt also der Stein ›das Trinken des Herrn‹. Und es ist paradoxerweise ein Stein! Fließen, trinken ... und Stein. Was ist also Fundament der Welt? Das Feste oder das Fließende? Beides in Einem? Ist es nicht wie Himmel und Erde, wie Ewigkeit und Zeit? Und nennen wir nicht die Mahlzeit *mischthe*, und hat dieses Wort nicht wiederum das *sch-th* als Stamm? Also ›trinken‹ wir die Mahlzeit? Deshalb wohl der Wein als wichtiger Bestandteil der Mahlzeit?«

Simcha lachte herzlich (Simcha bedeutet »Freude«). Die Spannung war weg. Diese Leute hatten offenbar Freude am Näherkommen des Endes der Reihe. Was macht man, wenn es zu Ende ist? Kann man dann nicht weitersprechen, kehrt dann das Schweigen – das Schweigen von vor dem Anfang – zurück? Simcha aber meinte freudig: »Dieses *Schin*, wovon Schlomo zu sprechen anfing, ist ein wunderbares Zeichen. *Schin* bedeutet doch ›Zahn‹. Man stellt aber das Zeichen *Schin* auf dem Haupt des Menschen dar, dort, wo das Haar an der Stirne endet, in der Mitte über den Augen. Jetzt sehen wir, daß die Mahlzeit sich dort, am Haupte, auf dem *Resch*, also oben, abspielt. Man könnte sagen, daß das eigentliche Mahl, entsprechend dem Essen mit Mund und Zähnen, dort oben stattfindet. Wir begegnen am Tisch nicht nur den Speisen der unteren Welt. Sagt man denn nicht, ein Mahl ohne Worte der Thora sei wie ein Götzenmahl? Die Worte der Thora erzählen von den Welten oben, und wie diese die Welten unten überraschen, lieben, sich ihnen hingeben, und wie sie voller Bangen und voller Erwartung auf Antwort unten warten. Der eigentliche Tisch ist das Schicksal unseres Lebens.

> Das Wort für Tisch, *schulchan*, ist aus dem Wort sch-l-ch gebildet, welches »schicken« bedeutet. Am Tisch des Lebens schickt der Himmel uns die Nahrung. Diese Nahrung, das uns Zugeschickte, ist unser *Geschick*, unser *Schicksal.*

Und dort teilen die oberen Zähne die Nahrung in viele Teile. Das ist das Phänomen Zeit, das damit entsteht. Wir würden ersticken, wenn die Brocken unzerstückelt den Körper erreichen würden. So wird auch unser Geschick in kleine Brocken aufgeteilt, und damit ist die Zeit da, die Stunden, Tage und Jahre kennt. Die ›Zähne‹ – der essende Mund eben – bringen den Speichel hervor, der den Speisen den Weg weiter ermöglicht und zugleich Geschmack, Freude an der Mahlzeit, gibt. Die Zähne oben dienen der gleichen Funktion, und der ›Geschmack‹ ist die Freude an der – zugeschickten – Begegnung. Denn wie vielfach sind doch die Begegnungen im Sinne der Speise, die die oberen Zähne zur Aufnahme vorbereiten. Es sind Begegnungen mit Menschen, mit Gedanken, mit Büchern, mit dem ganzen eigenen Schicksal und dem Schicksal anderer. So wie unser Körper einen Teil aufnimmt und einen Teil ausscheidet, so tut es das Obere in uns. Der Körper tut es, ohne daß wir dabei selber mit unserem Verstand eingreifen. So auch oben. Je mehr wir denken, um so schwieriger läuft alles. Die Verdauung spielt sich ohne unser

Denken ab. So ist es auch mit den Begegnungen, welche die oberen Zähne vorbereiten zur Aufnahme. Deshalb stehen doch auf den Tefillin des Hauptes zwei *Schin;* rechts ein *Schin* mit drei ›Zähnen‹, links eines mit vier ›Zähnen‹.

Die Tefillin des Hauptes ist die schon beschriebene schwarze Kapsel, die an der genannten Stelle, über den Augen, befestigt wird.

Aber schauen wir uns doch erst dieses merkwürdige Zeichen an.

Das Zeichen *Schin* besteht aus zwei *Sajin* und einem *Waw.*

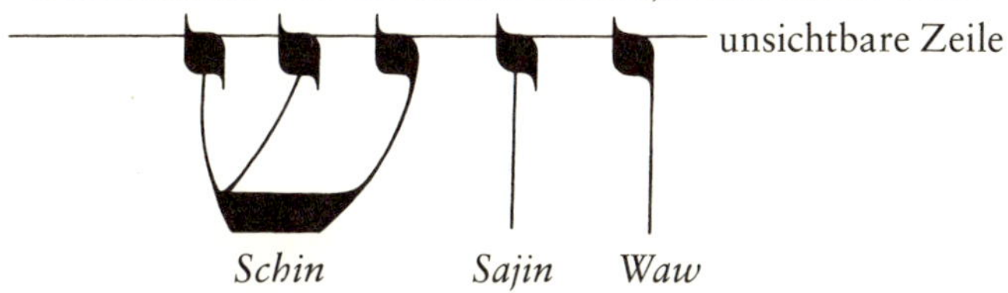

Nicht nur ein *Waw* und ein *Sajin,* wie wir sie schon als Kombination kennen und verstehen, sondern hier ist das *Sajin* doppelt. Der Weg ist zugleich oben und unten, und im Zeichen *Schin,* dem Zeichen auf dem Haupt, zeigt sich diese Doppelheit des Weges des Menschen. Eigentlich scheint nur von unten gesehen oben und unten getrennt. Von oben ist es eins. Speise unten ist heilig, weil sie neben der Speise oben steht. Nicht schön ist aber die Speise für den Menschen, wenn sie nur als Speise unten betrachtet wird. Dann ist sie nur ›nützlich‹ für das körperliche Wohlbefinden. Das nennen wir Unzucht. Und ist nicht das hebräische Wort für Speisen, *Sajin-nun,* auch das Wort für Unzucht? Wer nur Speisen zu sich nimmt aus Nützlichkeit oder bloßer Lust des Gaumens oder Körpers wegen, der übt Unzucht. Nur wer die beiden Seiten oben verbunden hat, wer also in seinem Wesen diese Tefillin trägt, nur der heiligt die Speisen unten. Heiligen heißt doch, das Geschehen vom Himmel her betrachten.«

»Wieviel aber enthält dieses Zeichen *Schin,* die Bedeutungen sind doch ohne Ende. Es fließt ein starker Strom aus Eden«, fiel jetzt Schewach ein (Schewach bedeutet »Lob«). »Du sagtest doch, Schlomo, das rechte *Schin* habe drei, das linke vier Zähne. Es ist der einzige Buchstabe, der diese Zweideutigkeit kennt.

Auch im Aussprechen des *Schin* gibt es zwei Arten. Einmal spricht man *Schin,* andere Male aber heißt das Zeichen *Sin.* Und es ist ein großer Unterschied, ob man *schin* oder *sin* sagt. Das ist auch das Geheimnis des *Schiboleth* und *Siboleth.* (Siehe Buch Richter, Kap. 12,4–6.) *Schiboleth* ist eine Ähre, es bedeutet aber auch Strom, Fluß. Um über diesen Strom zu gelangen, sollten die aus Ephraim doch *Schiboleth* sagen; sie konnten aber nur *Siboleth* sagen und wurden getötet. Nur mit sch kommt man über die Grenze, mit s geht es nicht. Statt *Schin* ist dort wieder *Samech,* die Schlange, im Wasser. Das s ist kennzeichnend für die linke Seite, die Seite des Giftes, des Todes.

Das Wort für Gift, *sam,* geschrieben s-m, wird auch gesehen als eine Zusammenziehung des Begriffes *sar maweth,* »Herr des Todes«, also des Todesengels. Links heißt hebräisch *smol* und wird auch in Verbindung zum Namen des Teufels, *samael* gesehen, der genau gleich geschrieben wird, *Sin-Mem-Aleph-Lamed.*

Mit der linken Seite, der Welt der Umhüllung, der Welt von Zeit und Raum, kommt man nicht lebend über die Grenze.

Das Wort für Kleid, also die Umhüllung, ist *simla,* geschrieben *Sin-Mem-Lamed-He.* In der Wurzel s-m-l ist also identisch mit »links«.

Das ist auch das Geheimnis des Zeichens mit den drei oder mit den vier Zähnen.

Man nennt die Zeichen *Waw* und *Sajin* in dem Buchstaben *Schin* – wie schon erwähnt – die »Zähne«, da sie das dem Menschen Zukommende zerteilen in Ereignisse, wie sie dann im Laufe der Zeit und an irgendwelchen Orten im Raum ihm zustoßen werden.

Man sagt doch auch, das *Schin* mit den vier Zähnen sei schon eine Andeutung der Existenz eines 23. Zeichens, welches wir hier noch nicht kennen und deshalb auch nicht aussprechen können. Wenn wir es kennten, kämen viele Worte zustande, die jetzt noch nicht gebildet werden können. Und wie viele Gedanken, Geschichten, Einsichten kämen dann erst! Wirklich, dieses 23. Zeichen könnte die Antwort auf so manche Fragen enthalten. Das ganze, uns zugängliche Weltbild würde sich ungeheuer erweitern,

Man teilt die 22 hebräischen Zeichen ein in die 3 Ur-Zeichen oder Mutterzeichen, die 7 doppelten und die 12 einfachen Zeichen. Die drei Ur-Zeichen sind *Aleph, Mem* und *Schin.* Die sieben doppelten sind *Beth, Gimel, Daleth, Kaf, Pe, Resch, Taw,* und die anderen, also *He, Waw, Sajin, Cheth, Teth, Jod, Lamed, Nun, Samech, Ajin, Zade, Kof* sind die 12 einfachen Zeichen. 3 und 7 sind ungerade Zahlen. Man sagt, bei der Gegenüberstellung von zwei Seiten, die doch bei geraden Zahlen immer möglich ist, bleibe eine Frage. Wohin geht der Weg, was bedeutet die Gegenüberstellung, was ist der Sinn des Ganzen? (Erst das Dritte, diesen beiden gegenüber, würde die Antwort geben.) Nun fehlt bei den 12 einfachen Zeichen das 13. Es fehlt die Antwort. Dieses 13., das dann auch bei den einfachen Zeichen die ungerade Zahl bringen würde, ist für das Ganze der 23. Buchstabe (denn 3 + 7 + 12 = 22). Man versteht schon selber, daß die 7 doppelten Zeichen Verbindung haben mit den 7 Tagen der Woche, die 12 einfachen Zeichen mit den 12 Monaten des Jahres – *unseres* Jahres in unserer Zeit. In der jüdischen Überlieferung spielt deshalb der 13. Monat eine gewisse Rolle (siehe dazu das Buch F. Weinreb, »Die Rolle Esther«, Origo Verlag, Zürich 1968).

Mit diesem 23. Zeichen käme auch das Geheimnis des Sinnes des Linken hervor. Jetzt manifestiert sich das Linke, wie ich schon erzählte, als etwas Böses, es hat den unverständlichen Geschmack des Todes. Das vierzackige *schin* gibt aber dereinst eine Antwort. Immer wieder ›dereinst‹, Zukunft. Sehnen wir uns doch! Aus unserer Trübsal erwächst schließlich am Ende die Hoffnung. Und die Hoffnung ist auch der Fluß, durch welchen wir ins Jenseits des Zeit-Räumlichen gelangen. Und hängen nicht Hoffnung und Liebe zusammen? Und steht nicht Glauben, Vertrauen, Treue, als drittes in diesem Bunde? Die Antwort auf das Böse wird von dorther kommen. Und ist sie nicht eigentlich schon immer in unserem Leben anwesend, wenn wir uns öffnen und den Gast einlassen?«

Schlumiel nickte zustimmend und fügte jetzt hinzu (Schlumiel bedeutet »mein Friede ist Gott«): »Du sprachst von den Leuten aus Ephraim, die das ›sch‹ nicht aussprechen konnten. Was ist das in uns, das dieses ›sch‹ nicht sprechen kann? Denn diese Buchstaben sind doch in ihrer Geschichte, in ihrer Reihenfolge das Muster eines jeden Lebens. Und die Begegnung dieser Buchstaben miteinander, ihre Mischung, gibt uns doch die tiefsten Bausteine, die Bausteine des Fundamentes unseres Lebens. Ich glaube, Brüder, in dieser Ephraim-Geschichte zeigt sich Entscheidendes, dort, wo die Reihe zu Ende geht. Ephraim zog nach Norden (siehe Richter, Kap. 12), verdichtet sich, zieht in die konkrete Welt. Ephraim ist doch der Vater des Jehoschua (Jehoschua, also Josua, ist aus dem Stamm Ephraim, der der geliebte Sohn genannt wird [Jeremias 31, 19]), der Israel nach dem Wege durch die Wüste ins gelobte Land führt. Er erfüllt doch den Weg, den Mose geführt hatte, und Mose blieb in der Wüste; Gottes Kuß nahm ihn zu sich. Jephtach spielt in der Geschichte beim Fluß-Übergang eine Rolle. Jephtach bedeutet ›er wird öffnen‹; und ›er‹, das ist doch Gott? Wie grob und unverständlich, wie grausam zeigt sich doch Jephtach, selber ein Gileaditer, also auch vom Reiche von Ephraim. Das Reich Ephraim, der Joseph-Söhne, sündigt. Warum, wozu? Die großen Propheten Elia, Elischa, und so viele andere, sind aus diesem Reich. Es sündigt, mordet. Es kann nur das s aussprechen, das Linke; es geht unter. Und doch, ›mein geliebtes Kind, mein geliebter köstlicher Sohn‹. Ist nicht auch hier das Geheimnis dieses anderen *Schin?* In allem zeigt sich das doppelte Antlitz des *Schin*. Der Sinn des Bösen, der Sinn der Sünde, des Todes, des Leids, er wird sich zeigen. Und Ephraim bewahrt das Geheimnis. Er weiß es wohl selber nicht, wird aber geliebt. Und ist das nicht das Geheimnis der Gnade? Die Gnade für den Sünder. Weiß der Sünder wirklich so genau, was er tut? Deshalb hat das *Schin* doch so viele Bedeutungen. Es ist Wurzel für die Begriffe ›zwei‹, ›doppelt‹, für ›lernen‹, für ›wiederholen‹, für ›altern‹, ›schlafen‹, für ›Jahr‹. Überall, wo etwas in etwas anderes übergeht, wo etwas geht und wiederkommt. (Mehr über die Bedeutung des *Schin* im Buche F. Weinreb, »Die Rolle Esther«, Origo Verlag, Zürich 1968.) Das *Schin* bildet, sich selbst wiederholend, als sch-sch den Begriff sechs, dargestellt durch das uns so bekannte Zeichen *Waw.* Aber sch-sch bedeutet auch Marmor und ebenfalls Leinen. (Mehr hierüber: F. Weinreb, »Leben im Diesseits und Jenseits«, Origo Verlag, Zürich 1974.) Und ist nicht sch-sch Stamm für das Wort Rose, Lilie, kurz für die Ur-Blume, die Schoschana? Schoschana enthält auch dieses sch-sch, mit dem *Schin* als *schana,* was eben ›ändern‹, ›Jahr‹, ›älter werden‹, ›schlafen‹ usw. bedeutet. Und von dieser Rose wird doch erzählt, sie habe 13 Blumenblätter, abwechselnd ein weißes und ein rotes Blatt. Das 13. Blatt aber habe eine Farbe, die wir noch nicht kennen. Der Wechsel von Weiß zu Rot und von Rot zu Weiß bedeutet eigentlich die Wandlung vom Sichtbaren, Roten, in das jenseitige Weiße und umgekehrt.

> Wir kennen ja schon das Spektrum der Farben, wie es anfängt mit Rot im Norden, sich entwickelt über Orange nach Gelb im Osten, dann in Richtung Westen, über Grün und Blau, und dann wieder nach Norden drehend über Purpurblau zu Purpurrot. Die südliche Seite aber enthält alle diese Farben in einem. Wie das Haupt des Menschen – der Süden – alles vom Körper enthält, lenkt. Der Körper ist die nördliche Seite. Alle Farben zusammen bilden aber doch oben das Weiße.

Das ist das Leben, dieses Doppelte. Die Alternative. Und es gäbe keinen Ausweg. Doch das 13. Blumenblatt dieser Ur-Blume, woraus sich alles duftende Wachstum entfaltet, gibt die Antwort. Das ist derjenige am Tisch, der die Speisen verteilt, weil er weiß, was jedem zukommt, weil er weiß, wonach jeder sich sehnt. Und weil er jeden liebt, schenkt er ihm gerade das, wonach jener sich sehnt. Groß, gewaltig ist die Geschichte des Zeichens *Schin*. Denn das 13. Blatt der Schoschana ist doch auch dieser 13. Buchstabe, der 23. Buchstabe des Ganzen. (Siehe oben.) Und im *Schin* ist schon das Geheimnis des Ganzen enthalten. Man sagt auch, wenn wir die Stille suchen, wenn wir Schweigen erbitten, daß wir dann auch diesen Laut ›sch‹ aussprechen. Liegt also doch in der Stille das Geheimnis? Liebende schweigen; und dennoch singen und freuen sie sich. Was wäre, wenn diese Blume nicht weiße *und* rote Blätter hätte? Es wäre kein Leben, es gäbe nicht das Köstliche der Hoffnung, des Liebens und Geliebt-Werdens.«

TAW – ZEICHEN – DIE VIERHUNDERT

Einige Zeit herrscht Stille. Man vernimmt und hört nichts. Die Tischrunde erlebt, was Freude eigentlich ist. Dann aber sagt Tanchum (Tanchum bedeutet »Trost«. Es ist verwandt mit Menachem und enthält auch das Trostbringen):

»Ihr spracht schon vom Zeichen *Taw,* dem letzten Buchstaben, der mit dem vorangehenden *Schin* zusammen die Begriffe ›Fließen‹, ›Trinken‹, ›das Mahl‹ bildet. Tatsächlich fließt es dahin. Unverständlich! Warum? Man hat doch diese Freude am Leben erlebt, man möchte doch weiter leben, schöner, kräftiger. Und man spürt, daß das Leben dahinfließt, sogar wegfließt. Wohin? Wirklich unverständlich. Wo soll man da Trost herholen, wer will uns den Trost bringen? In der Hieroglyphe hat man für das *Taw,* den 22. Buchstaben, ein Kreuz gezeichnet. Der eine Weg schneidet den anderen. Sie widersprechen sich. Jedesmal ist es eine fremde Dimension, die die unsrige schneidet. Das Leben wird vom Weg des Todes geschnitten, das Glück vom Leid. Und auch umgekehrt. Endet also alles hier mit einer Frage, mit einem ungelösten Rätsel? Gibt es keinen Sieger, keine Antwort? Jakob ringt mit dem jenseitigen Wesen. Es verletzt ihn, gibt ihm seinen Namen Israel. Aber besiegt wird keiner. Die Auseinandersetzung mit Esau geht weiter, bis ans Ende der Tage, wie es heißt. Die 70 Völker werden erst am *Sukkoth* (siehe Seite 134) als solche aufgehoben; der Körper auch? Immer wieder hörten wir, daß es eine andere Seite gibt, die sich meldet und unser klares, eindeutiges Bild trübt. Wir glauben, wir hätten etwas verstanden, und schon wird es uns genommen. Ist das auch nicht die Schlußfrage im Leben? Das Zeichen *Taw* enthält das *Resch,* das Haupt, das Obere, und es enthält den Menschen als *Waw,* aber in umgekehrter Stellung.

Das Zeichen *Taw* ist wie folgt:

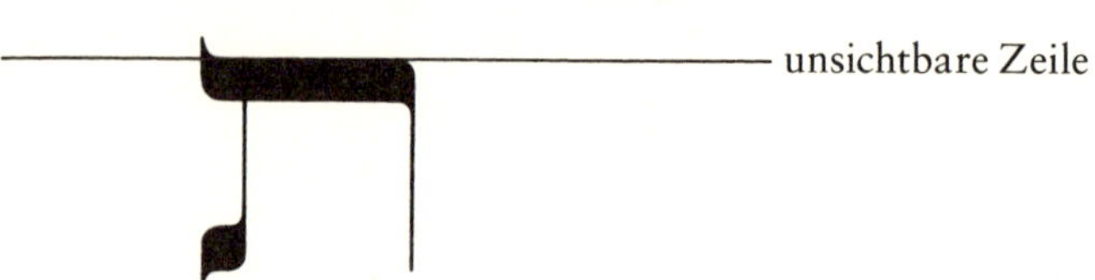

Der Mensch zieht nicht mehr, wie beim ersten *Waw,* von oben herunter, jetzt zieht er aus der Welt hinaus, von unten, vom Norden, vom Körper, hinüber in den Süden, hinauf. Was jenseits war, wird ihm jetzt Wirklichkeit. Es ist ihm aber bitter, von hier fortgehen zu müssen. Dennoch weiß er, und er wiederholt es immer wieder, daß das Leben in dieser Welt schwer ist, oft eine Zumutung, voller Enttäuschungen, unerfüllter, aufgegebener Hoffnungen und Erwartungen. Man nennt deshalb das eigentliche Exil, wo der Sohn vom Vater getrennt ist, das Exil der 22.

> Die Überlieferung weist auf die Trennung des Sohnes Jakob vom Vater Isaak, die 22 Jahre dauert. Jakob flieht vor Esau zu Laban und ist 22 Jahre von Isaak getrennt. Genau so lange dauert die Trennung des Sohnes Joseph von seinem Vater Jakob. Joseph wird nach Ägypten verkauft, und es dauert 22 Jahre, bis der Vater ihn wiedersieht.

Und man weiß doch – wir sollten uns freuen, wie vieles ist uns als Wissen vom Jenseits geschenkt –, man weiß, daß das Leben in die 22 Buchstaben wie in ein Exil eingetaucht wird. Das Schweigen wird gebrochen, und die Buchstaben, die Zeichen, erscheinen. Und wenn das Sprechen vorbei ist, kommt wieder das Schweigen. Die Stille des Todes? Spricht aber nicht das Lamm, jenseits noch der Buchstaben, schon alles aus in seiner Hingabe? Und steht nicht dort, nach dem *Taw,* auch wieder das

Lamm im Schweigen? Wir sagten es schon: die 500 ist die Zahl des Himmels, sie ist das Maß des Baumes des Lebens. Und die 400, also *Taw,* kennen wir als die Zahl der Fron in Ägypten, die Zahl des Leides.

Taw bedeutet Leiden. Und in der Hieroglyphe sieht man, daß es ein liegendes Kreuz ist. Man erfährt den Weg des Menschen in diesem Erscheinen in das Exil der Buchstaben als einen Weg zu diesem *Taw* hin, also zu diesem Kreuz. Damit endet der Weg: er endet doch auch im Tod. Jetzt aber wird er vom Kreuz abgenommen. Im Grab ist er nicht. Das Grab enthält nur die unfaßbare Mitteilung der Auferstehung. Unfaßbar – zerbrach nicht schon am Anfang das Gefäß, weil diese Liebe Gottes nicht zu fassen ist? Jetzt zerbricht es in Scherben durch die Trauer um den Hingegangenen. Sagt nicht der Psalm (136), daß die, die unter Tränen säen, im freudigen Jauchzen ernten werden? Die Saat in die Erde legen – den toten Körper, abgenommen von dem *Taw,* von diesem Kreuz, ins Grab legen. Die eine Träne, das eine *Jod.* Aus dieser Erde aber, aus dieser Welt, kommt alles zurück. Es ist die Ernte. Jetzt kommt die andere Träne, die Träne der Freude. Die Pflanzen, als erster Ausdruck von Leben, zeigen schon hin auf dieses Geheimnis der Erde. Sie bringt hervor, neu! Deshalb sind auch die Begegnungen von Passa, Pfingsten und Laubhütten im Zeichen dieses Wachstums erzählt. Am Passa beginnt die Ernte, das Abtrennen von der Erde, an Pfingsten ist sie zu Ende. Am Laubhütten ist alles eingesammelt, das Dreschen und Treten und Pressen sind abgeschlossen. Himmel und Erde sind vereint. Man kann von der Sukka auf Erden den Himmel erfahren. Das feste, undurchsichtige Dach, das Trennende, ist fort. Der letzte Tag vom Laubhüttenfest, einmalig der 8. Tag, heißt ›Freude der Thora‹. Man beendet den Zyklus der fünf Bücher und fängt gleich wieder am Anfang an. Keine Zwischenzeit. Das Leben geht weiter, neu, ein neues Jahr. Die Buchstaben des Lebens sind Quelle des Lebens. Das Wort ist von Gott.

Man suche den Menschen nicht weiter im Diesseits des Körpers. Israel zieht nach diesen ›400‹ aus Ägypten. Der eigentliche Weg, das eigentliche Leben fängt dann doch erst an. Wer den Menschen an dieses Diesseits fesseln will, nagelt ihn ans Kreuz.

Wer ihn nur geschichtlich oder geographisch ›fixieren‹ will, bringt ihn als Menschen um. Nimmt uns aber dieser Weggang nicht auch alle unsere Überlegungen – Reflexionen – über das Leben, über unsere Nächsten, die wir doch lieben und die um uns trauern werden und die uns vergessen werden? Dort, an der Schwelle möchte auch Mose weiterleben. Und kennen wir nicht die Bitte, der Kelch möchte doch noch einmal vorübergehen? Wenn aber alle irdischen Gedanken und Reflexionen aufhören, wenn es aussieht, als ob sie alle zunichte würden, fängt dort nicht erst die wahre, echte Hingabe an? Kann man nicht dann erst vollkommen glauben, hoffen, lieben? War nicht immer schon, wirklich unbewußt, ein Komplex von Nebengedanken dabei? So im Sinne von: ›vielleicht doch?‹, ›vielleicht so nicht, aber anders?‹ Das Denken aus der Welt der Zeichen kommt nie an Ziel und Ende. Das Schweigen erst bringt hinüber in die ›500‹, für die es eben kein Zeichen mehr gibt.

> Man nennt die 500 deshalb 400 + 100. Diese 400 + 100 haben aber eine sehr große Bedeutung. Sie sind in der Ebene der Hunderter die 4 + 1, was das Verhältnis der Zahlen vom Baume der Erkenntnis und dem Baum des Lebens ist. Im Wort verbindet sich sozusagen, wo in den Hunderten die 4 und 1 sich verbinden, der Baum der Erkenntnis mit dem Baum des Lebens. Die Einheit des Paradieses ist damit wieder hergestellt. So bedeutet »500« das Wiedererreichen des Paradieses. Nun bildet aber das Zeichen 400 + 100, also *Taw-Kof,* den Stamm für das Wort *tikun;* und *tikun* ist in der Überlieferung und im jüdischen Brauch ein besonderer Begriff. Er bedeutet: Verbesserung, in eine höhere Ebene bringen; vollkommen machen. Der Mensch sei in der Welt, um diesen *tikun* zu machen, also um die 400, *Taw,* mit der 100, *Kof,* zu verbinden.

Die Zeichen hören mit dem 22. auf. Mit der 400 ist der Weg zu Ende. Für die 500 und weiter gibt es kein Zeichen. Dort ist die Welt des Schweigens, der Stille wieder da. Lebt nicht dann der Mensch frei von dieser Bindung an Zeit-räumliche Erscheinung? Ist er dann nicht erst seinem Namen Adam – ›ich schweige‹, und ›ich gleiche‹ – gerecht? Waren die Buchstaben, die Zeichen, nicht

gerade gekommen, weil er die große Liebe nicht fassen konnte und das Gefäß, die Gefäße, alle, wirklich alle, zerbrachen? Scherben. Auf die Augen des Toten werden, nach gewissen Bräuchen hie und da, Scherben gelegt. Aber, Freunde, verstehen wir doch die Liebe! Auch wenn sie unfaßbar ist. Denn alles wird doch eingesammelt, nichts aus unserem Leben geht verloren. Wir erhalten alles zurück, erfüllt wird sogar alles, was wir uns gewünscht haben, was wir still geträumt haben und nicht wagten (nicht einmal vor unserem Nächsten) zu offenbaren. Die Buchstaben des Lebens werden aufbewahrt, und bei der Auferstehung sind sie alle wieder mit dabei. Ist es nicht ein fester Brauch, daß wir diese Buchstaben, wenn ein Buch mit solchen heiligen Zeichen zerrissen ist und nicht mehr benutzt werden kann, genauso begraben, in die Erde legen, wie einen Menschen nach seinem Sterben? Alles aus der 400, aus diesem Weg des Menschen wird aufbewahrt. Denn da es einmal hier erschien, als Zeichen oder als Buchstabe hier erschien, ist es geheiligt. Dieser Körper des Menschen, Freunde, hört mir gut zu – dieser Körper ist das größte Wunder. In Gottes Bild sind wir. Wenn wir auch jenseits der 400 schon immer auch leben – und dort ist ewiges Leben, dort sind wir frei, erlöst, und das prägt sich schon auch in unserem Leben hier in der Erscheinung aus –, wir verstehen dennoch die Bedeutung auch von der kleinsten Sache hier. Weil es eben hier erschien! Deshalb nimmt Israel auf seinem Weg in die Freiheit, fort aus Ägypten, fort aus der 400 der Gefangenschaft, aus Ägypten alles mit. Es macht Ägypten leer. Vergessen wir doch niemals die Bedeutung des Diesseits, *dieser* Welt. Israel erfüllt bis ins kleinste alles hier, eben, damit es ›hier erfüllt werde‹. Damit es hier zustande komme. Und so ist der Sinn unseres Lebens, hier in der 400, alles mit dort zu verbinden.
Das nennen wir den *tikun*. Die 400 zur 500 bringen. Nicht die 400 aufheben! Nein, sie bleibt bestehen! Die 500 hat kein Zeichen. Und so gibt es das Wort *tikun*, und das ist nichts anderes, als die 400, verbunden mit dem Zeichen des Nadelöhrs, mit der 100. Diese Verbindung hier bringt eine Metamorphose zustande. Wir kennen doch im Gebet den Ausdruck: ›Die Welt zur 400 + 100 machen im Königreich des Allmächtigen!‹ Es ist das

Schlußgebet, welches wir dreimal täglich sagen. 400 + 100 heißt *tikun,* und dort steht es dann auch als Zeitwort ›le-taken‹, also ›zu tikunen‹ hieße es dann in der Sprache der Völker.

Gewiß: jenseits ist Schweigen. Aber dennoch geht nichts, was wir hier denken, sprechen, verloren. Das Zeichen *Taw* zeigt uns das *Resch,* das Haupt, als klare Anwesenheit. Das Haupt, die Hauptsache, das *reschith* ist doch da. Wie der Same da ist und dem Leben neuen Weg gibt. Das Wasser ist ausgegossen, und die große Freude des *chag ha schoewa* ist da. Unser Haus wird zum Jenseits hin durchsichtig. Wir haben alles, was uns in der Zeit und im Raum zukam, in uns selber. Den *Leviathan* und den *Schor ha-Bor* haben wir in uns aufgenommen. Ist das alles aber nur Zukunftsmusik, im Sinne von ›eventuell nach dem Tode‹? Hier, Freunde, glaube ich, kann ich euch doch einen großen, wirklichen Trost bringen. Denn indem ich es euch erzähle, wird mir, was ich erzähle, auch zuteil. Das Wort ist wirklich göttlich! Denn mit den Lauten kommt das Schweigen mit. Und im Schweigen meldet sich die Nachricht, daß alles, was da verlauten wird, wirklich alles, schon jetzt, in unserem Leben ist. Jawohl, Tod, aber auch Leben, aber auch Auferstehung. Wir legen uns schlafen, und der Schlaf ist, wie wir sagen, ein Sechzigstel des Todes. Und wir erwachen, und das ist schon ein Bild der Auferstehung. Es ist alles schon in uns da: Das gelobte Land, der Garten Eden wie auch Ägypten und der Weg aus der Gefangenschaft, aus dem Zwang, in diese helle, glückliche, mächtige Freiheit. Kennen wir das alles nicht schon längst? Sind wir nicht imstande, zu lieben, uns hinzugeben, unserem Nächsten, aber auch dem, der uns böse ist? *Glauben* wir nicht, obschon wir meistens sehr enttäuscht werden? Wir ›glauben‹, weil in uns eben dieses Rätselhafte ist, daß wir im Grunde alles längst wissen, ›wissen‹, daß es gut ist. Wir hoffen, und es tritt nicht ein, was wir hofften, und doch hoffen wir weiter. Weil im Bereich des Schweigens, wo unser Denken schweigt, es doch klar ist, daß alles Liebe ist, daß aber die ›Hauptsache‹ sich nicht *zeigt.* Weil sie eben so herzensgerne geliebt werden möchte. Nicht *weil* sie es verdient, sondern *trotzdem,* sogar, wenn nichts ›stimmt‹ – geliebt umsonst und trotzdem.

Das Diesseits ist ähnlich da wie die mechanisch hörbaren Töne. Und das Jenseits, im Vergangenen wie im Kommenden, das sind die Obertöne und alles, was mitschwingt, und zwar nicht akustisch gehört, aber doch empfunden wird. Wie wenig sehen wir, nur diesen knappen Ausschnitt aus dem Spektrum, und wieviel mehr, unendlich mehr, sehen wir nicht. Aber ist es deshalb nicht da? Wir sprechen noch von Infrarot und Ultraviolett, und manches zeigt sich von dort. Röntgenstrahlen gehen durch Körper hindurch, und doch sind sie wirklich körperhaft. Was sehen andere Wesen? Was sehen Tiere, was Pflanzen, was Steine? Und ist es nicht merkwürdig, Freunde, daß die drei Mutter-Buchstaben, *Aleph, Mem* und *Schin,* jeder in einer anderen Ebene vorkommt? *Aleph* bei den Einern, *Mem* bei den Zehnern und *Schin* bei den Hunderten. *Aleph* in der Mitte, wie das Herz, *Schin* oben am Haupte, und *Mem* unten, wie der Unterleib. Und überall sehen wir diese Dreiheit; die drei Freunde, die uns begleiten und mit uns eine Einheit bilden. Diese Dreiheit bildet hier das Wort *ascham,* und dieses Wort enthält auch eine Antwort auf die Frage, wie es nun mit dem Menschen in der Welt steht. *Ascham* bedeutet nämlich Schuld, für die man bewußt nichts kann. Also, eine unschuldige Schuld oder auch eine schuldige Unschuld. Ist nicht fast alles im Leben solch ein *ascham?* Aber damit haben wir doch auch den Sinn der Buchstaben, womit die Welt und das Leben gebaut sind, verstanden. Die Welt und das Leben sind mit diesem Muster der drei Mutter-Buchstaben gebaut (siehe Seite 151). Sie sind *ascham:* schuldig und auch wieder nicht. Wir finden nicht dadurch. Oder vielleicht doch? Vielleicht, wenn wir wissen, was lieben bedeutet. Dann wird eben der Schuldige unschuldig. Dazu kommen noch die ›Zeichen‹, Bruch-Stücke, weil das Unfaßbare das Gefäß sprengen mußte! Das sind die Buchstaben des Lebens, und das ist ihr Geheimnis!«

Man war still, heiter und gelassen. Es war, als ob mehrere Vorhänge weggezogen worden wären. Die Mahlzeit war zu Ende. Bei jedem war ein Rest übriggeblieben, und man wußte, das sei gerade gut. Die Welt geht weiter. Und jetzt sprach Elimelech, der das Gespräch der Mahlzeit angefangen hatte:

»Freunde, wir wollen segnen.« Und alle fielen ein, und man dankte dem Herrn, der die ganze Welt mit Güte, mit Liebesgunst, mit Gnade und Barmherzigkeit speist.

> Mit diesen Worten fängt im jüdischen Brauch das Danken für die Mahlzeit an. Und man betrachtet auch jede Lebensphase und das ganze Leben als eine solche Mahlzeit. Das Übriggebliebene ist das Geheimnis, das bleibt, und wodurch der Lebensweg der Freude nie zu Ende geht.

Denn wenn man zurückblickt auf die Mahlzeit des Lebens, auf jeden einzelnen Augenblick, dann weiß man, daß Güte, Liebe, Gnade und Barmherzigkeit es sind, die jeder Begegnung Sinn geben – daß sie das Geheimnis des Lebens bilden und das Geheimnis jeder menschlichen Beziehung zur ganzen Welt. Und da im Gespräch, aber auch bei jedem Gedanken und bei jedem Empfinden Vorstellungen und Bilder unseres Lebens und des Lebens der Welt einbezogen sind, bedeutet es, daß alle diese Zeichen, alle diese Buchstaben des Lebens als Bausteine des Ganzen, wie Atome im naturwissenschaftlichen Weltbild, mit dabei sind. Das aber wieder will sagen, daß mit den Zeichen der Einer-Reihe die Wurzeln aus dem Jenseits unserer Herkunft anwesen, mit den Zeichen der Zehner-Reihe unser sichtbares Handeln im Jetzt und mit den Zeichen der Hunderter-Reihe das noch auf uns Zukommende. Durch das Wort sind wir niemals nur im Jetzt. Jeder Moment ist ewig, weil in jedem Wort oder Satz das »Er war, Er ist und Er wird sein« sich manifestiert. Nicht nur durch die Vokale und Betonungen melden sich Geist und Seele. Die Zeichen selber sind auf diese Dreiheit gebaut. Das ist das Geheimnis der Zeichen, das Mysterium jedes Erscheinenden. Und das ist das Wunder unseres Körpers. Die Mutter des Körpers ist die Mutter im Jenseits, die Frau, welche den erwarteten Sohn, den Versprochenen, gebiert. Das Wort in seiner Drei-Einigkeit ist tatsächlich heil, ganz. Und dieses Wort war auch jetzt, in unserem Gespräch, unter uns. Wir leben im Erschauern vor dem Wunder, vor der Heiligkeit des Wortes. Die Buchstaben des Lebens in ihrer kausalen Reihenfolge, tragen, wie alles Erscheinende, das Vergangene und das Künftige in sich mit, sind somit ewig. Ist dann nicht durch das Wort auch unser

Leben ewig? Es ist Leben hier *und* Leben dort. Nie: entweder hier oder dort. Wenn wir es auch nicht wissen, unser Leben ist immer schon auch dort.

»Wissen« wäre eine Erfahrung über unsere Sinne, über unser Denken und Rechnen. Das Leben dort lebt ungewußt in uns. Deshalb können wir lieben, schenken, glauben, hoffen. Das Wort sagt uns das alles, in den drei Ebenen der Konsonanten, und in den Vokalen und den Betonungen. So leben wir jetzt und leben immer. Die Buchstaben des Lebens begleiten uns hier und dort. Ihre Form hat Gott erschaffen, indem Er uns rief und ruft. Ihre Form ist deshalb heilig wie unser Leben, welches durch Gottes Wort in Erscheinung tritt. Hüten wir doch dieses Leben und dieses Wort.